必携！

認知症の人にやさしい マンションガイド

Practical Guide for Dementia Friendly Apartment Services

多職種連携からみる高齢者の理解とコミュニケーション

監修／一般社団法人
日本意思決定支援推進機構

はじめに

　このたびは、本書を手に取っていただきありがとうございます。本書は、一般社団法人日本意思決定支援推進機構の主なメンバーで企画し、分担して執筆したものです。内部のメンバーで足りないところは外部の専門家の方にも依頼して原稿をお寄せいただきました。

　私たちは、超高齢社会の課題のうち、認知症などで意思決定能力が低下した人の地域での暮らしを、意思決定支援の考え方をもとに支えていくことをテーマに研究開発や普及啓発活動に取り組んでいます。取り組みを通して高齢者がその人の意思決定能力に応じた支援を受けて、自律的に生活できる社会を実現することを目指しています。

　先に経済活動の基本となる金融機関に向けたガイド『実践！　認知症の人にやさしい金融ガイド 多職種連携から高齢者への対応を学ぶ』(発行：クリエイツかもがわ)を出版していますが、今回は、多くの高齢者が居住しており、生活全般の基本になっているマンションをテーマとして取り上げました。居住者にも、高齢化の波が押し寄せており、居住者の中から認知症を発症する人が出てくることは避けられない時代となっています。

　マンションでは、同じ建物を共有しているがゆえに、騒音やゴミの問題など近隣トラブルが生じやすい状況にあります。一方で、近隣住民や管理人など周りの人が認知症に関する知識をもち、連携することで、ご本人の変化に早くから気づき、受診やケアの導入など生活を支える工夫をすることができます。個人情報保護が重視される時代の中で、このような住民同士の支え合いはますます難しくなっていますが、本書がそのような取り組みの参考になることを願っています。

2019年6月

京都府立医科大学大学院医学研究科 精神機能病態学 教授
一般社団法人 日本意思決定支援推進機構 理事
成本　迅

CONTENTS 認知症の人にやさしいマンションガイド
多職種連携からみる高齢者の理解とコミュニケーション

はじめに　3

☐ マンションガイドについて（使い方について）　6
☐ 事例からみる利用者の段階　8
　〈事例〉誰もが安心して住みたい場所で暮らし続けるために
☐ 事例からみる段階と支援　10
　● 地域包括支援センターってこんなところ　12
　●「認知症初期集中支援チーム」　14

1　ケーススタディ　15
　01　団地駐車場での事故　16
　02　物盗られ妄想の隣人　24
　03　80代姉妹の危機　30

2　管理する上での困りごと　33
　01　感情の高まりによる攻撃　34
　02　夜中の大声や騒音　38
　03　混乱に巻き込まれる近隣住民　44
　04　10階の窓外を歩く隣人　46
　05　自分の家がわからない　50
　06　滞納問題　52
　07　ボヤ騒ぎや出火の危険性　58
　08　高齢者夫婦の介護拒否　62

3　認知症の理解　67
　● アルツハイマー型認知症　69
　● レビー小体型認知症　70
　● 血管性認知症　70

●前頭側頭型認知症　　　　　　　　　　　　　71
〈資料〉認知症チェックリストの例　　　　　74

4　コミュニケーションの基本知識　　　　75

❶ 高齢になると起こりやすいこと　　　　　76
●高齢の方とのコミュニケーションの5つのヒント　　77
　ヒント1　環境整備　　　　　　　　　　　77
　ヒント2　耳の聞こえへの配慮　　　　　　77
　ヒント3　視力低下への配慮　　　　　　　78
　ヒント4　記憶力低下への配慮　　　　　　78
　ヒント5　不安や心配な気持ちへの配慮　　79

❷ 認知症の人に起こりやすいこと　　　　　80
●認知症の方とのコミュニケーションの4つのヒント　　81
　ヒント1　不安や心配な気持ちへの配慮　　81
　ヒント2　理解力低下への配慮　　　　　　81
　ヒント3　妄想・幻覚への配慮　　　　　　82
　ヒント4　興奮・混乱への配慮　　　　　　82

認知症の人への対応　べからず十三ヵ条　　　84

コラム

●行方不明のSOSネットワーク	22	●管理組合の視点　―管理組合の役割と町内会や役所との連携―	49
●名簿作りについて	27	●分譲マンションの理事会　―役員の高齢化と外部専門家の利用―	56
●個人情報の取り扱い	28		
●施設選びで大切にしたいこと	37	●高齢者の賃貸契約と保証人問題	56
●URの地域福祉医療拠点化の取り組み	42	●民生委員、頑張っています	61
●地域支援の現場から	43	●マンションの今後　―地域福祉の社会資源として―	64

マンションガイドについて 使い方について

🏢 マンションの居住者の半数は60歳を超えた

　分譲・賃貸マンションの住人の高齢化が進んでいます。平成30年の国土交通省のマンション総合調査結果では、分譲マンション居住者の約半数が60歳以上とのデータが公表されました。平成25年住宅・土地統計調査によれば、高齢単身世帯が居住する住宅は、共同住宅が約4割を占め、借家の割合が3分の1を超えています。また70歳以上の居住者の約80％が、同じ部屋に永住する意思を示しています。

　高齢のマンション住人に関して「自分の部屋がわからなくなって、棟内をウロウロする」「ゴミ出しのルールがわからなくなり、ゴミを放置する」「風呂などで水を出しっぱなしにして漏水を起こす」などの事例が増加しています。

　また管理組合には、高齢者住民の生活不安に対するひっきりない相談、被害妄想によるマンション住民間のトラブルなどの相談が多数もち込まれています。

🏢 認知症の変化に早期に気づくことの意義

　多くの高齢者が地域で暮らす時代となり、認知症はますます身近な問題となっています。とりわけ集合住宅では、認知症を発症した当事者だけでなく、住民全体に影響がおよぶ事態に発展してしまうことがあります。

　認知症は、脳の働きが低下して記憶力や判断力が低下し、社会生活に大きな影響が出る病気です。記憶力が低下すると、ゴミ出しの日を忘れてしまったり、買い物ができなくなったりし、判断力が低下すると管理費の振り込みができなくなったり、悪徳商法や詐欺に引っかかってしまうことがあります。"治らない病気だから早期発見しても意味がない"と思われがちですが、認知症の原因になる病気の中には、手術や投薬で改善するものもあります。また、早い段階であれば生活が破たんしないよう、低下した能力を補って支援することも可能ですが、進行して生活が破たんしてからでは、ご本人の意向を聞きとることが難しくなり、対応に苦慮することになります。

　本書により認知症に関する知識を身につけるとともに、集合住宅で生活する中で認知症を発症したときに生じる様々な課題について知り、自分や自分の家族、そして近隣住民が安心して住み続けられる環境づくりに役立てていただけたらと思います。

Phase（段階）について

　初期にみられる行動の変化から、徐々に進行してきたときにみられる変化まで段階に分けて記載しています。現在どのような段階におられるのかを意識して対応することで、適切な対応に結びつけることができます。

支援について

　段階に応じて様々な対応が考えられます。初期には、ご家族が少し訪問の回数を増やしたり、通所系の介護サービスを導入するだけで生活の立て直しが可能です。

　施設入所についても、一時的に利用するショートステイ、ある程度身の回りのことが可能な方が利用する養護老人ホームやサービス付き高齢者向け住宅から、認知症が進んでも利用可能な介護老人保健施設や特別養護老人ホームなどがあります。

　身体的な機能低下がみられる場合は一時的にリハビリテーション目的で入院したり、精神症状が著しい場合は精神科病院への入院も有効な場合があります。ご本人の生活の質を保つために適切な支援を考える必要があります。

具体的にみてみよう

事例からみる利用者の段階

事例 **誰もが安心して住みたい場所で暮らし続けるために**

――84歳女性の事例から――

　高校卒業後、6年間の会社員生活を経て24歳で結婚。結婚後は主婦として二子（長男、次男）を育てた。子どもが独立後、60歳で現在の分譲マンションに転居して夫と二人暮らしとなった。夫とは4年前に死別。息子二人はそれぞれ長男が海外勤務、次男は国内だが離れた町で暮らしていて、ほとんど戻ることはない。

　性格は社交的で他のマンション住人に特別親しい人はいないものの、ゴミ出しなどで一緒になると世間話をしており、管理組合の総会にも出席していた。また、お花の教室に通い、そこでの友人と一緒にランチを食べに行ったりしていた。高血圧で近くの内科医院に通い降圧薬を服用していた。

　2年前から廊下で他の住民に会っても挨拶をしなくなり、ぼんやりとした様子がみられるようになった。また、管理組合の総会にも出席しなくなった。この頃から内科医院への通院もしなくなっていた。1年前

Phase 1 気づき

〈特徴〉
- もの忘れが出現し、物をなくす頻度も高いが、自分の意思どおりの生活が維持できており、一人暮らしも可能である。

〈本人や周囲の困り感〉
- 本人はもの忘れを自覚しているものの、本人も周囲も困り感は抱いていない。

Phase 2 困惑

〈特徴〉
- 物盗られ妄想や迷子、近隣住民の顔を認識できないといった問題が生じ、生活に支障が出はじめる。

〈本人や周囲の困り感〉
- 本人の困り感は乏しいが、周囲が対応に困りはじめ、近隣住民との関係が悪化する。

からゴミ出しの日を間違うことが度々あり、何度か管理人から注意を受けることがあった。また、火災報知器点検の予定時間に不在で点検できないことがあった。

3か月前から、ベランダにゴミがたまって異臭がすることから管理会社に苦情が寄せられるようになった。管理人が訪問したところ、片付けますと返事があったものの、一向に片付けられる気配はない。

1か月前には、夜間ぼんやりと外を歩いていることがあり、警察に保護された。別の日には隣の家を夜に訪問し、盗んだ物を返してほしいと険しい表情で訴えることがあり、再び管理人に相談があった。

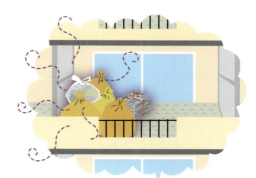

Phase3 混乱

〈特徴〉
- 生活の質がかなり低下し、支援がなければ生活を維持できない。家事がこなせず、ボヤ騒ぎなどを起こすこともある。

〈本人や周囲の困り感〉
- 周囲は、どのように対応すればよいかわからず困り、疲弊する。

Phase4 危機

〈特徴〉
- 自活が難しく、施設入所が必要となる。

〈本人や周囲の困り感〉
- 周囲は、本人が居住していた部屋の整理に追われるなど、退去後にも対応を必要とされる。

事例からみる段階と支援

支援の解説

この事例では、初期に管理組合の総会に出席しなくなったり、挨拶をしなくなったりといった変化がみられています。これは、もの忘れにより予定を忘れてしまったり、周りの状況に注意がはらえなくなったりといった認知症による初期の変化の可能性があります。認知症の発症に伴って、行動や対応に変化が出現してきます。この段階であれば、ご本人にも困り感があって、周囲の支援を受け入れることができる可能性

養護※1・サ高住※2など軽度対応施設

家族と同居

家族と同居

Phase2 困惑

Phase1 気づき

デイサービス
ショートステイ

リハビリ入院

・地域包括支援センター
・サービス事業所
・家族・地域の見守り

・居宅介護支援
・サービス事業所
・家族・地域の見守り

※1 養護老人ホーム　※2 サービス付き高齢者向け住宅　※3 介護老人保健施設　※4 特別養護老人ホーム

があります。普段からコミュニケーションがあれば、もっと早くから少しずつ支援していくこともできるでしょう。後半になって出現している異臭問題や物盗られ妄想がみられるようになった段階では、認知症が進行していてご本人の判断力も低下しており、必要な支援も受け入れられないことがあります。ご本人に受け入れの余裕があるうちから少しずつ支援を受けることに慣れていってもらうことが重要です。

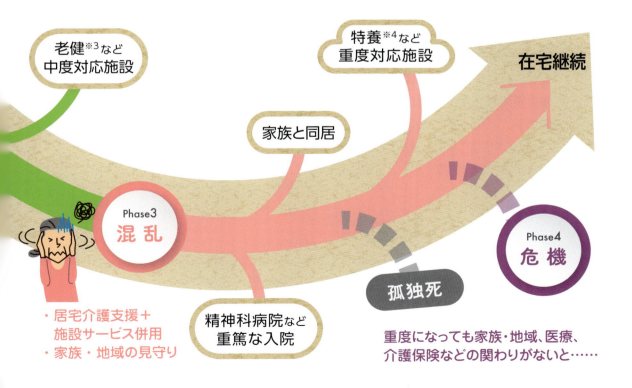

ご存じですか

地域包括支援センターってこんなところ

　地域包括支援センターは市町村等の各自治体が設置する団体です（介護保険法115条の46第2項）。
　各地域のセンターには、保健師、社会福祉士、主任ケアマネジャー、ケアマネジャーが配置されていて、チームアプローチにより、地域に暮らす人たちの健康の保持や生活の安定、介護予防のために必要な援助を行う役割を担っています。主な業務は、介護予防支援および包括的支援事業（①介護予防ケアマネジメント業務、②総合相談支援業務、③権利擁護業務、④包括的・継続的ケアマネジメント支援業務）です。

地域包括支援センターが担っている業務

①介護予防ケアマネジメント（介護保険法115条の45第1項1号）
　二次予防事業対象者（旧特定高齢者）に対する介護予防ケアプランの作成などを行います。
②総合相談支援（同条第2項1号）
　住民の各種相談を幅広く受け付けて、制度横断的な支援を実施します。
③権利擁護業務（同条第2項2号）
　成年後見制度の活用促進、高齢者虐待への対応などを行います。
④包括的・継続的ケアマネジメント（同条第2項3号）
　「地域ケア会議」などを通じた自立支援型ケアマネジメントの支援や、ケアマネジャーへの日常的個別指導・相談、支援困難事例等への指導・助言を行います。

地域包括支援センターを利用するメリットとは

　介護が必要になった高齢者の方にとって、介護に関する相談についてワンストップで対応してもらうことができます。地域包括支援センターでは、保健師、社会福祉士、主任ケアマネジャー、ケアマネジャーのそれぞれが専門性を発揮し、チームで解決することを前提とした体制がつくられています。そのため、それぞれの専門分野を活か

した適切な助言やサポートを受けることが可能です。

　また、地域における高齢者虐待や権利擁護の相談・通報なども地域包括支援センターが受けることで役割が明確になり、弁護士や警察とも連携することによって、虐待に対する防止や早期の対応も可能になります。

　介護サービスを利用する際には、まず最初に足を運ぶ場にもなります。ぜひ積極的に活用し、地域で連携して、高齢者の方々が安心して生活ができるようにしたいものです。

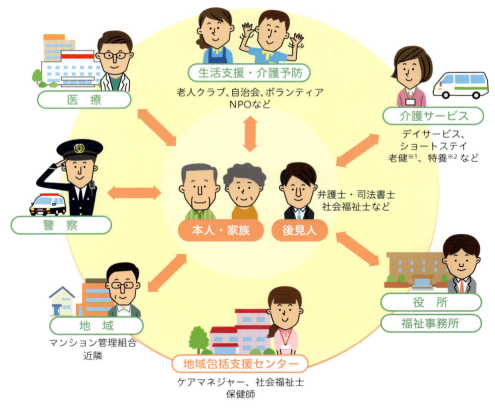

※1 介護老人保健施設　※2 特別養護老人ホーム

ご存じですか 「認知症初期集中支援チーム」

　孤立や貧困などを背景に、医療や福祉へのアクセスが難しい人が地域に増えてきています。そのような人が認知症になっても住み慣れた地域で安心して生活が続けられるよう、早期の段階から支援するために各市町村に認知症初期集中支援チームが設置されています。

　認知症初期集中支援チームは、専門職（保健師、看護師、作業療法士、社会福祉士、介護福祉士など）がチームを組んでご自宅を訪問して状況を把握し、チーム員会議と呼ばれる多職種での会議を通して介入方針を立てます。チーム員会議には認知症サポート医などのチームに協力する地域の医師も参加します。

　対象は、40歳以上で、在宅で生活しており、かつ認知症が疑われる人または認知症の人で、医療・介護サービスを受けていない人、または中断している人や医療・介護サービスを受けているが認知症の行動・心理症状が顕著なため、対応に苦慮している人と定義されています。

　高齢者、とりわけ認知症の人にとって病院を受診することは、受診の予約や手続き、経済的な負担など、なかなかハードルが高いものです。受診は拒否しているものの、自宅への訪問は受け入れる方もいらっしゃいます。相談だけでも対応してもらえるので、気軽に相談してみることをお勧めします。

Practical Guide for
Dementia Friendly
Apartment Services

1 ケーススタディ

団地駐車場での事故

　団地駐車場で自動車事故が発生した。Ａさんの運転するクルマが、駐車場の出口の手前で、一時停車中の別のクルマに衝突した。事故は、運転操作の誤りが原因と思われる。警察の調べに対してＡさんは要領を得ない答えで、自分の名前もうまく書けない状態だった。

　数日後、追突されたクルマの被害者が一人暮らしのＡさん宅を訪問したところ、部屋はゴミだらけ。事故の記憶も曖昧で、ミミズが這ったような文字を書く。被害者は、Ａさんの様子に異変を感じ、認知症ではないかと疑って地域包括支援センターに連絡した。

| Phase1 気づき | 〈特徴〉もの忘れが出現し、物をなくす頻度も高いが、自分の意思どおりの生活が維持できており、一人暮らしも可能である。 | 〈本人や周囲の困り感〉本人はもの忘れを自覚しているものの、本人も周囲も困り感は抱いていない。 |

医学的見立て

　認知症では注意力の低下により、運転操作と同時に前方への注意をはらうことが難しくなり、運転能力が低下することがあります。
　書字の能力は脳の左頭頂葉に関係する機能で、アルツハイマー型認知症で障害されることがあり、血管性認知症においても左頭頂葉にダメージがおよんだ場合は障害されます。
　記憶はアルツハイマー型認知症で特に障害されやすく、なかでも数時間から数日前までの最近の記憶が思い出せないのが特徴です。逆に子どもの頃の思い出など、昔の記憶は保たれています。

16　認知症の人にやさしいマンションガイド

支援の解説

気づきのポイント

Aさんには、以下のような変化があらわれているかもしれません。

●見た目

やせ、ふらつき、季節に合わなかったり、汚れたりしている衣類・靴、頭髪のベタつき、すえた体臭、視線を避ける、なんとなく体調が悪そう。

●言動

同じ品物の買い物が多い。外出の頻度が減っている、もしくは最近出かけていない。支払いがお札ばかりで、硬貨が使えない。話のつじつまが合わない。回覧板が回せない、町費などの集金ができない、役割を担えない、去年の役割の引き継ぎができない。
時間の感覚がなく、昼夜を問わずにチャイムを鳴らす。自分の家を間違える、目的地へ行けず、迷う。受診回数が減った、もしくは受診しなくなった。

●室内外の環境

異臭がする。ゴミが出せない。ゴミや物であふれている。浴室が物であふれて入れない。トイレがつまっていて使えない。窓の開閉をしない。植木が手入れされていない。動物の世話ができていない。ライフラインが止まっている。夜でも明かりがつかない。水を公園などから持ってきている。新聞がたまっている。

その他、クルマの運転の場合に特有の気づきのポイントは以下のとおりです。

●Aさんのクルマ

クルマに複数の傷がついている。傷が大きい。どこでどのようにして傷がついたかを説明できない。

●駐車場所

駐車位置を間違える。駐車位置がスペースから大きくずれる。駐車場所ではないところに駐車をする。駐車場所周辺の設備に傷をつける。クルマを団地の外（例：団地から離れた場所にあるコインパーキングなど）に駐車したまま、どこに駐車したかを忘れる。

●クルマの運転

周りを見ずに運転をする。逆走をする。急なUターンをする。ブレーキとアクセルを踏み間違える。団地内外で歩行者・自転車・他のクルマが危険を感じるような運転をする。運転動作がかなりゆっくり。通路などのぎりぎりを通行する。走行や駐停車の幅寄せがかなり甘い。ふらつき運転をする。通常停車しないような場所で停車をする。別のクルマとの車間距離が狭い。団地内外で交通事故を起こす、など。

対応のポイント

●運転を続けるのは危険

　団地に住む人の立場からすれば、地域包括支援センターに連絡した後に、結局Ａさんがクルマの運転を続けるかどうかが気になるところです。

　Ａさんは、自分が引き起こした事故の記憶も曖昧で、自分の名前も書けなさそうで、部屋の中での日常生活も安心して送れていない様子です。そのようなＡさんにとって、クルマの運転が日常生活で必要かどうかは、Ａさんの住んでいる地域にもよるでしょう。ただし、いずれにしてもＡさんの様子では安全なクルマの運転は難しいと思われます。もし、Ａさんに免許を返納してもらっても、Ａさんはそのことを忘れてクルマを運転してしまうかもしれません。

　そうすると免許の有無ではなく、Ａさんのクルマの運転をどうするかが大事な問題になってきます。

●Ａさんとの話し合い（親戚・親しい知人・成年後見人・福祉・医療関係者などの協力）

　団地に住む人としては、Ａさんと話をし、説得をして、今後の運転をどうするかについて約束してもらうことが必要です。

　それでは、団地に住む人の説得だけではＡさんが納得できない場合には、どうしたらよいでしょうか。

　地域包括支援センターを通じ、あるいはＡさん本人から教えてもらって、頼りになりそうな親戚がいるかどうかを確認しましょう。そのような親戚がいるのであれば、その親戚に連絡をとって、協力を求めてみるのがよいでしょう。その他にＡさんに親しい知人がいるのであれば、その知人に協力をお願いしてみましょう。Ａさんに成年後見人（保佐人・補助人を含む）がつくよう、地域包括支援センターと他の福祉関係者にお願いすることも大切です。

　そもそも、Ａさんが福祉的な支援がないままで日常生活を送れるかについては、疑問があります。Ａさんには、クルマの運転からある程度距離を置いてもらいましょう。Ａさんがクルマのことを気にしなくなったり、クルマの運転をしなくても生活が安定するような状況と、福祉的な支援を検討できるような状況を整える必要があります。その意味でも地域包括支援センターに連絡することが望ましいです。

　また、Ａさんに医療機関にかかってもらい、Ａさんの判断能力がどの程度の状態なのかなどを含め、医学的に必要なことが何かを明らかにすることも有用だと思われます。Ａさんを説得するときに、どのような説明をしたらよいか参考になる情報があるかもしれません。

　このように、身近なところに住む人が、普段のＡさんの様子をふまえてＡさんを説得することは、とても重要です。場合によっては親戚やＡさんの親しい知人、Ａさんの成年後見人などとも協力して、Ａさん

を説得することが望ましいでしょう。

● Aさんが説得に応じた場合

そのように話し合いを通じて説得をした結果、Aさんに、クルマの運転をやめる約束をしてもらうことが考えられます。また、運転する時間帯を昼間の明るいときに限定すること、親族が一緒に乗ったときだけにすること、安全運転機能が搭載された車へ切り替えること、などの運転制限をAさんに約束してもらうことも、現実的な対応といえるでしょう。なお、運転の不安が今回のAさんほどではない場合には、目的地を行き慣れた病院や買い物先、役所、銀行などに限定する約束をしてもらうことも考えられます。

Aさんがクルマの運転をやめたり、運転制限の提案に応じる場合にはどうしたらよいでしょうか。

Aさんとの約束の内容を文書にまとめ、できればAさんに署名押印してもらいましょう。Aさんに成年後見人がいれば成年後見人に確認してもらいましょう。その文書の中では、もしAさんが約束を破れば、第三者が鍵を預かったり、クルマを預かって長期間の修理・点検を行うということを、Aさんに承諾してもらいましょう。その文書のコピーをAさんの自宅の玄関ドアやクルマのハンドルに貼るなどして、Aさんに思い出してもらう工夫も必要です。

そして、Aさんが約束を破ったときには、文書での約束どおりに鍵を預からせてもらったり、クルマを長期間預かり、修理・点検をしてもらいましょう。

このように、Aさんとの約束を通じて、Aさんにクルマの運転との距離を置いてもらいます。

Aさんが約束を理解・記憶できず、守れないときには、次の「Aさんが説得に応じない場合」を参考にしてください。

● Aさんが説得に応じない場合

それでは、Aさんが今後の運転のことについて、説得に応じない場合にはどうしたらよいでしょうか。

まず、Aさんに親戚や親しい知人、成年後見人などがいる場合について考えてみましょう。それらの人に協力してもらえそうな場合には、Aさんから承諾を得てもらい、クルマを預かって修理・点検を業者に依頼します。Aさんは追突事故を起こしていますので、Aさんに対してはある程度強く説得して、長期間預かることについても承諾を得てもらいます。このようにしてAさんにゆかりのある人に協力してもら

いながら、Ａさんの問題としてではなく、クルマの修理・点検の問題として、Ａさんにクルマの運転との距離を置いてもらう方法がありうるでしょう。Ａさんに成年後見人がいる場合には、事情を説明して、運転との距離を置いてもらう間に、第三者にクルマを売却することも検討してもらいましょう。

これに対して、Ａさんに成年後見人がいない場合はどうでしょうか。悩ましい状況ですが、場合によっては、なんとかしてＡさんから一定期間の修理・点検の承諾をもらい、バッテリーなど走行に必要な部品を外すことも考えられます。そのようにして時間をかけて慎重に修理・点検するなどして、Ａさんがクルマの運転をしない期間をしっかりと設けるのも一つの方策です。

その期間に、修理コストやクルマを買い替えた場合のコスト、代替部品の不足などを理由にして、Ａさんにクルマを手放すよう検討・決断してもらうことも有用な方策となるでしょう。

●Ａさんの暮らしとクルマの運転

Ａさんが施設入所をする場合には、クルマの運転についてここまでの説得をする必要もなく、Ａさんの承諾をもらう必要がないかもしれません。

ただし、Ａさんは周りの人の協力があれば住み慣れた自宅で暮らし続けることができるという状況なのかもしれません。もし、そのような状況なのであれば、地域包括支援センターなどの福祉関係者と連絡をとりながら、Ａさんとクルマの運転との距離を保ってもらい、Ａさんの日常生活を整えることが望ましいでしょう。

●手段と精神面のフォロー

Ａさんにとっては、クルマの運転が人生の楽しみであったり、生活の中で大きな割合を占める大事な習慣となっている可能性があります。

クルマを運転している生活から運転を控える生活になれば、Ａさんの暮らし方や気持ちに大きな変化が起こり、Ａさんがとまどわれる可能性があるでしょう。

そのため、説得をする立場の人は、「周囲の人への危険を防止する」という視点だけでなく、クルマの運転を大切に思っているかもしれないＡさんの気持ちに寄り添う視点をもつことが重要になります。Ａさんの気持ちに寄り添いながら説得をして、できる限りＡさんに納得してもらったり、承諾してもらいながら、Ａさんとクルマの運転との適切な距離を模索することが大切になるでしょう。

説得した後についても、Ａさんのフォローが重要になるでしょう。Ａさんに、クルマの運転にかわる楽しみを見つけてもらうことは大切です。その楽しみは、クルマの運転という手段にかわるものであり、クルマに乗る時間にかわるものです。Ａさんがクルマのない生活に自然に慣れるような工夫をすることが、フォローのポイントになるでしょう。

早期介入でこうなる

　クルマの運転は、Aさんにとって人生の重要な部分です。そして、運転免許をもっているということは、Aさんのクルマの運転が社会的に認められていることを示しています。高齢者という理由だけで運転ができないと決めつけることは、厳に慎まなくてはなりません。

　ですが、クルマの運転は、周りの人の生命・身体はもちろん、本人自身の生命・身体にも関わる危険性をもった行為です。運転ができなくなってからでないと周りの人は何も言うことができない、と考えるのは慎重すぎるといえるでしょう。

　クルマの運転が難しくなってきたという予兆のあるなしにかかわらず、Aさんの様子の変化に注意をはらい、異変を感じたら他の人に相談したり連携しましょう。Aさんの気持ちに沿ったコミュニケーションをとることができれば、Aさんにとっても、周りの人にとっても納得できる解決策が見つけやすくなるでしょう。

COLUMN

行方不明のSOSネットワーク

　行方不明者の届出受理数は、過去10年間横ばいで推移し、2017年は8万4,850人で前年と同数になっています。認知症に係る行方不明者の届出受理数は、統計をとりはじめた2012年以降、年々増加し、2017年は1万5,863人にまで上っています。その中で、いまだに所在が不明である方が約1％、死亡発見が約3％以上存在します。計算上、日本のどこかで行方不明になっている人が1日40名…ということになるのです。

『認知症の人の行方不明は古くて新しい課題』

　2000年の介護保険発足以前から、当時"はいかいネットワーク"という名称で警察庁の通達によりごくわずかな地域においてネットワークが存在していました。2014年、認知症による行方不明・身元不明の報道が相次ぎ、それを受けて厚生労働省より自治体における取り組みのあり方について検討されるようになりました。

『各自治体の現状』

　すべての自治体において行方不明を防ぐ見守り・SOS体制の構築が求められる中、各自治体の体制整備は試行錯誤しながら進められており、進捗状況に大きな開きも生じています。例えば、行方不明となる恐れのある方の事前登録などにより、地域での見守り体制と行方不明時の早期発見に向けた地域の協力体制（SOS体制）の構築を一体的に進めている自治体もある一方、捜索のためのGPSの貸し出し制度や一部の地域で行われている声かけ捜索模擬訓練などがなされていることで、取り組みができていると回答する自治体も存在します。すべての自治体で、地域ぐるみで取り組みを、着実に進めて行くことが必要です（図参照）。

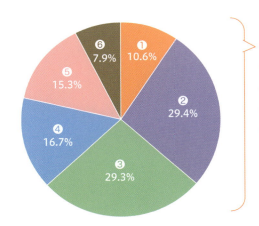

❶ 普段から見守りとSOS体制が一体的に充実
❷ 整備されつつあるが、一体的な充実はまだ
❸ 普段からの見守り体制は整備、SOS体制はまだ
❹ 普段からの見守り体制はまだ、SOS体制は整備
❺ 普段からの見守り体制も、SOS体制も、未整備
❻ 把握していない

図● 2017年度　市町村における見守り・SOS体制の拡充状況　調査結果

出典：認知症の人の行方不明や事故等の未然防止のための見守り体制構築に係る調査研究事業調べ

『まだまだ歩けて元気な人だから起きている』

　行方不明となり保護となった認知症の方は、要介護3、4、5の重度の方より、要支援、要介護1、2という軽度の方が半数以上を占めており、介護保険申請前のいわゆる地域包括支援センターなどの相談窓口が未把握の方が3割近くに上ります。

『目指していく必要がある二つのこと』

　キーワードは、①一人の命を守る、②認知症になっても外出を続けられるまちづくり、です。
　地域で進めていく取り組みのポイントを挙げてみました（表参照）。

『まとめ』

　認知症の人が起こした「事故」について、神戸市の見舞金を支払う救済制度が2019年4月からはじまることを受けて、自治体や国、民間保険会社にも今後、さらなるサポートを検討してもらいたいものです。
　一方、行方不明を繰り返さないための手立てとして、個別ケア会議を通じて、見守り者を増やしていくことも必要です。そのために、検証していくチームとアフターフォローの取り組みを推進するコアチームを地域の中でもつことが大切です。たとえGPS機器がさらに普及し、立派な仕組みがあっても、このチームがなければ成果は期待できませんし、取り組みが長続きせず形骸化してしまうのです…。そしてこのコアチームは、自治体などの行政側でつくれるものではなく、地域の住民、医療・介護従事者が一緒になってつくっていくもので、行政にはその基盤づくりの部分で誕生や成長のバックアップをしてもらうことが求められています。
　なお、近年では、認知症当事者から「徘徊と呼ばないで！」という声があがり、自治体などでは使用しない動きが広がっています。

表●地域で進めていく取り組みのポイント

広報、啓発	みんなが自分ごととして考える
本人・家族が備える	事前登録システム
地域のみんなが見守り手になる	支援者登録システム
その一人を地域で見守る	個別地域支援ネットワーク
みんなで動く	SOSネットワーク
SOS時の機動力を高める	模擬訓練など

物盗られ妄想の隣人

管理組合に入居者Bさんから、「自宅に泥棒が入る」と度々電話がある。「警察に相談するが、とり合ってくれない」とのこと。さらに「近所の人間があやしい。両隣に住んでいるのは誰か。名前や電話番号を教えてほしい」との申し入れがあった。個人情報は教えられないと説明するが「それはオカシイ！ 私は被害者だ！」と語気を荒げる。玄関錠の交換を勧めたところ「もう何度も交換した。それでも泥棒が入る」と嘆く。

別の日の電話では、「ベッドに鳩の羽や糞を撒かれる。わいたダニで全身を噛まれる。泥棒がタンスの引き出しから侵入する」と真剣に話していた。

Phase2 困惑

〈特徴〉物盗られ妄想や迷子、近隣住民の顔を認識できないといった問題が生じ、生活に支障が出はじめる。

〈本人や周囲の困り感〉本人の困り感は乏しいが、周囲が対応に困りはじめ、近隣住民との関係が悪化する。

医学的見立て

Bさんの「泥棒が入る」という訴えは、被害妄想の症状と考えられます。また、「ベッドに鳩の羽や糞を撒かれる」「泥棒がタンスの引き出しから侵入する」という訴えは幻視、「わいたダニで全身を噛まれる」という訴えは幻触といった幻覚の症状である可能性があります。このような妄想、幻覚の症状は、アルツハイマー型認知症やレビー小体型認知症といった認知症性疾患でもみられますし、妄想性障害や高齢期の統合失調症といった精神疾患、うつ病に伴ってみられる場合もあります。

支援の解説

気づきのポイント

　精神科を受診することで、どのような疾患から出ている症状かを見極めることができ、それに応じた治療を開始することができます。診断にあたっては、本人の訴えや行動の詳しい内容や生活の変化に関する情報が役に立ちます。

対応のポイント

　妄想をもつ患者さんは、妄想や幻覚を現実に起きていることと信じていますから、それを頭から否定することは、反発を招くだけで事態の打開にはつながりません。かといって、妄想を肯定するわけにはいきませんから、私が体験しているわけではないのでわからないけれども、困っているのですねと困り感に共感するようにします。

　受診を勧めるときには、本人が頼りにしている人から話してもらうとよいでしょう。かかりつけ医がいればその先生から勧めてもらうのも良い方法です。

　もし、かかりつけ医がいない場合、またいても、本人との信頼関係が薄い場合は、エリアの地域包括支援センターから情報を得て、認知症に明るい医師を探すことも方法の一つです。また、外来受診に連れていくことが難しい場合は、往診で診断や治療も可能だと思います。

　どちらの方法でも、本人に対して医師との出会いの大切さを伝えることは重要で、本人のプライドを考え、家族、主治医、上司、産業医など、本人の受け入れの良い方から勧めてもらい、「念のために検査を」「健康診断の延長」「心配なので自分の安心のために受診して」「早く治療したら良くなるかも」「元気でいるためには、誰でも受診が大切」「悪いところがないか、一緒に診てもらおう」「子どもも心配しているよ」「お互い大切な存在、受診してみよう」「気になる原因を調べてもらおう」「悩んでいるのは、あなただけではない、一緒に先生に相談に行こう」「素人判断はやめておこう、餅は餅屋、プロに聞こう」「いっぺんだけ、ちょっとだけ、簡単に診てもらえる」などのフレーズや説明の仕方を試してみてはいかがでしょう。

早期介入でこうなる

　精神科の治療では、妄想や幻覚を改善させる抗精神病薬という薬の投与や、ご本人の不安を和らげるための精神療法や環境調整が行われます。

　主治医と信頼関係が構築され、定期的に内服ができるようになると妄想が改善したり、妄想が持続していても現実の生活とうまく折り合いをつけながら生活ができるようになります。

　認知症の初期症状として出現している妄想であれば、その後、認知症の進行とともに徐々にもの忘れや判断力低下などの認知機能の低下による症状が出てきますので、生活支援も並行して導入していくことになります。妄想があるとどうしても周囲から孤立して治療に結びつくのが遅れがちですが、早期の介入で生活の破たんを防止することが可能です。

COLUMN

名簿作りについて

『 全員の名簿・一部の名簿 』

　災害その他の場合に備えて、マンションに住む人の安否確認のために、全員の名簿を作成することは有益です。

　全員の名簿を作成できない場合には、認知症の人など支援が必要な人に限定して名簿を作成しましょう。本人やその同居の家族などから情報の提供を受けて、安否確認の連絡方法（例：所定のカードを、居室の代表者が掲示板に貼ったり記入する、管理組合・大家が管理するポストに入れるなど）や活用ルールを決めるとよいでしょう。

『 名簿作成・管理・活用の注意点 』

　名簿作成にあたっては目的や管理の概要（災害時の安否確認の目的であること、管理組合等の誰が管理・運用するかなど）を説明しましょう。そして本人または本人が意思表明できない場合には同居の家族などから、承諾をもらいましょう。

　定期的な名簿の改訂、管理組合の理事者の交代・引継ぎ時や緊急時の速やかな対応のために、名簿の管理・活用の仕方をマニュアル化しておくとよいでしょう。

『 個人情報保護と名簿の活用 』

　マンションの管理組合のように住民の情報を管理することのある団体は、ほとんどの場合に個人情報保護法の規制を受ける団体となります。そのため、管理組合としては、いざ災害が発生した場合に名簿で安否確認をしたり、名簿について第三者に情報提供をしてよいのか、と悩むかもしれません。そのときには次の二つのキーワードを思い出してください。

　一つ目は「本人の承諾」です。「本人の承諾」があれば安否確認や第三者への情報提供は問題なく認められます。名簿登録時に「何のために」「誰に」「何を提供するか」（目的と態様）について承諾をもらっておきましょう。

　二つ目は「例外規定の活用」です。個人情報保護法は本人の同意がなくても第三者に情報提供できる例外的な場合を定めています（個人情報保護法23条1項各号）。

　その場合の中で、①法令に基づく提供のときには本人の同意は不要です（例：災害対応で国や地方公共団体が法令に基づいて職務を行うにあたり、その国や地方公共団体に情報を提供する場合）。

　また、②人の生命、身体又は財産の保護のために必要がある場合であって、本人の同意を得ることが困難であるときも、本人の同意は不要です（例：災害のときに本人やその家族等の生命・身体・財産の保護のために必要で本人の同意を得ることが難しい場合）。

　「本人の承諾」「例外規定の活用」の2点は、いざというときに名簿の活用をためらわないように、マニュアルなどに注意事項として記載しておくとよいでしょう。

COLUMN

個人情報の取り扱い

『 地域包括支援センターへの連絡と
　　　　　　個人情報保護 』

　本書で紹介するケースの中で、地域包括支援センターに連絡・通報する話が何度か出てくると想います。

　この場合に連絡する人が気にしてしまうのが「個人情報保護」の問題ではないでしょうか。連絡する人は「勝手に人の家のことを他の人に言ってしまってよいものか」と悩んでしまいがちです。

『 近所の人が個人として連絡する場合 』

　個人の情報を保護する法律として個人情報保護法があります。この法律は主に個人情報を取り扱う事業者にルールを守るよう求める法律であって、単なる個人を規制の対象とはしていません（個人情報保護法2条5項、同15条以下）。

　そのため、近所の人が「個人として」地域包括支援センターに連絡・通報する場合には、同法の規制はかかりません。近所の人は同法の規制を気にせずに地域包括支援センターに連絡・通報することができます。ただし、福祉的な支援を必要とする本人のプライバシーに配慮するために、なるべく本人の同意を得ることが重要です。それとともに、本人の同意を得ることが困難な場合には次の個人情報保護の規定を参考にして判断するとよいでしょう。

　とにかく大事なのは何か問題が発生した場合の本人の支援であり、連絡をためらわないようにしましょう。

『 管理組合の役員として連絡する場合 』

　次に、支援を必要とする本人について、管理組合などの役員が役員として知り得た情報をもとに、役員として地域包括支援センターに連絡する場合はどうでしょうか。

　この場合は、個人情報保護法の適用が考えられます。マンションの管理組合など、名簿をはじめとする住民の情報を管理することのある団体は、個人情報保護法の適用を受けてその法律のルールを守らなければならない団体にあたる場合が多いからです。

　管理組合の役員が連絡・通報する場合であっても、本人の同意があれば個人情報保護法上、問題なく連絡をすることができます。「お困りのようですね、地域包括支援センターというところに相談できるようですよ。連絡したら話を聞いてもらえるそうなので、よかったら私から連絡しましょうか」と本人に提案したりして、本人の名前、性

別、大まかな年齢、住所と困りごとの概要を伝えることについて、同意をもらうことが可能でしょう。

本人の同意が得られない場合でも連絡は可能です。個人情報保護法は本人の同意がなくても第三者に連絡してよいとする例外規定を設けています（個人情報保護法16条3項各号、同17条2項各号、同23条1項各号）。

特に、①法令に基づく場合や、②人の生命、身体又は財産の保護のために必要がある場合であって、本人の同意を得ることが困難であるときなどには、本人の同意がなくても第三者に名簿の情報を提供することが可能です。

問題が発生している本人には②のような事情が生じていることも多いと思われますので、本人の同意がない場合にも積極的な連絡を検討しましょう。

『 連絡にあたっての心構え 』

本人の生活に問題が生じた場合には、本人への支援がつながるよう地域包括支援センターへの連絡は非常に重要なものとなります。

地域包括支援センターの人は誰が連絡したかについて守秘義務を負っています。本人も近所の方も安心して暮らせるように、ぜひ積極的な連絡を考えていただければと思います。

80代姉妹の危機

　マンションの管理人から救急通報が入った。救急隊員が駆けつけると、認知症らしき高齢女性がオロオロする足元に、もう一人の高齢女性が倒れていた。倒れている女性は妹で、脱水症状を起こしていた。室内は食べ残した弁当・カップ麺の容器・空き缶など、大量のゴミで埋めつくされていた。締め切った室内には異臭が漂い、エアコンは壊れていた。

　二人とも一命はとりとめたが、「1日遅かったら、二人とも亡くなっていた可能性がある」と救急隊員はつぶやいた。後日、地域包括支援センターに連絡をとり、センターは姉妹を施設に移して保護した。また、部屋を所有する妹の了解を得て、業者に頼み、およそ20トンのゴミを1週間かけて処分。姉妹には成年後見人をつけて、部屋は売却した。

Phase4 危機

〈特徴〉自活が難しく、施設入所が必要となる。

〈本人や周囲の困り感〉周囲は、本人が居住していた部屋の整理に追われるなど、退去後にも対応を必要とされる。

医学的見立て

　認知症になると、理解力、判断力の低下により生活を維持するための社会的な手続きや家事ができなくなります。このようなアルツハイマー型認知症を代表とする神経変性疾患と呼ばれる病気による変化は年単位でゆっくりと進行するため、周囲が気づかないうちに生活が破たんするところまで進んでしまっている場合があります。

支援の解説

気づきのポイント

　この姉妹には、以下のような変化があらわれているかもしれません。

● 見た目

　やせ、ふらつき、季節に合わなかったり、汚れたりしている衣類・靴、頭髪のベタつき、すえた体臭、視線を避ける、なんとなく体調が悪そう。

● 言動

　同じ品物の買い物が多い。外出の頻度が減っている、もしくは最近出かけていない。支払いがお札ばかりで、硬貨が使えない。話のつじつまが合わない。回覧板が回せない、町費などの集金ができない、役割を担えない、去年の役割の引き継ぎができない。
　時間の感覚がなく、昼夜を問わずにチャイムを鳴らす。自分の家を間違える、目的地へ行けず、迷う。受診回数が減った、もしくは受診しなくなった。

● 室内外の環境

　異臭がする。ゴミが出せない。ゴミや物であふれている。浴室が物であふれて入れない。トイレがつまっていて使えない。窓の開閉をしない。植木が手入れされていない。動物の世話ができていない。ライフラインが止まっている。夜でも明かりがつかない。水を公園などから持ってきている。新聞がたまっている。

対応のポイント

　上記のようなことに周りの方が気づいて、ご家族、管理人、自治会長、地域包括支援センター、役所などへ連絡をすることが大切です。その際、本人たちに第三者への情報提供の同意をとることになります。本人たちから信頼を得ている方からの声かけや提案があれば、同意してもらいやすいでしょう。もし、様々な工夫をしても同意が難しく、本人たちの生命、身体、財産などに危険がある場合には、同意がなくても連絡できます（「個人情報保護法の例外規定」p.28・29参照）。個人情報保護の例外規定を検討、使用していただくことが望ましいです。

早期介入でこうなる

　まず、必要な受診をすることで体調管理ができ、心身ともに安定します。また、必要な生活への支援が整うことで、希望する居場所での暮らしを維持できるでしょう。本人たちの意思を確認した上で、衣・食・住などの希望に沿った暮らしの実現も期待できます。

　具体的には、医療は外来か訪問診療、訪問看護を利用します。暮らしはヘルパーを使って買い物、調理、掃除、洗濯などの支援を受けることが可能です。

　デイサービスでは入浴だけでなく、他の方々との交流もできるでしょう。年末年始や、1か月に1週間ほど、ショートステイを利用することで、生活のリズムを整えます。3食の食事で栄養をしっかり摂り、心身の機能の確認をし、暮らしの面において、在宅生活の継続が可能かもわかります。それと同時に、施設での介護を経験しておくことにより、在宅が限界になったときの安心につながるでしょう。

Practical Guide for
Dementia Friendly
Apartment Services

2

管理する上での困りごと

01 感情の高まりによる攻撃

Phase1 気づき → Phase2 困惑

　Cさん（78歳、男性）は、退職後、終の棲家にとマンションを購入し、妻（75歳）とともに移り住んだ。昨年から、友人との約束をよく忘れるようになり、妻が予定を尋ねると、「うるさい、黙っていろ」と、些細なことに怒るようになった。怒りの矛先は近隣の住民にも向けられるようになり、「隣の家のピアノの音がうるさい」「毎日騒ぐから寝られない」などと言う。実際には隣からピアノの音や騒ぎ声は聞こえていないにもかかわらず、激昂する様子が度々みられるようになった。Cさんの怒りは次第にエスカレートし、隣家に押しかけて怒鳴るようになった。

　妻は夫の様子を心配して病院受診を勧めるも、Cさんは「俺はおかしくない、あいつ（隣人）が出て行けと騒ぐんだ」と訴え、受診を拒否し続けた。その後、Cさんは早朝に隣家の玄関ドアを激しくたたいたり、夜遅くにインターホンをしつこく鳴らしたりするようになった。ひどいときには、隣人の家の前でゴルフクラブを振り回すこともあり、警察官が出動する騒ぎに発展してしまった。

Phase1 気づき
〈特徴〉もの忘れが出現し、物をなくす頻度も高いが、自分の意思どおりの生活が維持できており、一人暮らしも可能である。

〈本人や周囲の困り感〉本人はもの忘れを自覚しているものの、本人も周囲も困り感は抱いていない。

Phase2 困惑
〈特徴〉物盗られ妄想や迷子、近隣住民の顔を認識できないといった問題が生じ、生活に支障が出はじめる。

〈本人や周囲の困り感〉本人の困り感は乏しいが、周囲が対応に困りはじめ、近隣住民との関係が悪化する。

対応のヒント

● 精神症状とその対応

　認知症であらわれる精神症状は、うつや無気力から興奮まで様々ですが、基本的な対応としては、普段から安心感や満足感を得られるような環境づくりをすることと、興奮やイライラがあらわれたときに、気持ちが落ち着くようなことに気をそらせるような対応をすることがよいとされています。

　認知症の人とのコミュニケーションについては、「4．コミュニケーションの基本知識」(p.75) も参照してください。

● 被害妄想について

　認知症の経過の中で被害妄想が出現することがあります。この事例では、もの忘れや些細なことで怒るようになったという性格変化に引き続いて被害妄想が出現していますので、アルツハイマー型認知症の可能性が高いと考えられます。

　たとえアルツハイマー型認知症に伴う被害妄想であっても、抗精神病薬が効く可能性があるので、治療に結びつけることが重要です。ただ、妄想に影響され、自分が病気であることを認めるのは難しい場合が多いので、受診につなげるためには工夫が必要です。

● 入院治療について

　この事例では、隣人に対する攻撃的な言動がみられますが、脳の障害が前頭葉にもおよんでいる場合、感情の抑制や行動のコントロールがきかなくなる場合があります。そのような場合には入院の上で感情のコントロールをしやすくするような気分安定薬や抗精神病薬といわれる薬による治療を行うことがあります。また、入院で普段の環境から離れ、刺激を少なくするだけで興奮が治まることもあります。

　入院にあたっては、医師から本人に十分必要性について説明が行われますが、同意が得られない場合や、認知機能の低下により理解が不十分な場合には、家族からの同意による医療保護入院という形式をとることがあります。

　また、警察官が一旦保護して都道府県知事に通報し、医師による診察が行われて措置入院という形式で指定の病院に入院する場合もあります。

● 迷惑行為を規制する法律・条例

　早朝に隣家の玄関ドアを激しくたたいたり、夜遅くにインターホンをしつこく鳴らしたり、隣人の家の前でゴルフクラブを振り回す。Cさんのこのような行動を規制する法律はあるのでしょうか。

　Cさんは分譲マンションに住んでいますので、まず、分譲マンションの管理について定める「建物の区分所有に関する法律」（区分所有法）に基づく規制が考えられます。この規制の内容については、次の「02．夜中の大声や騒音」の「対応のヒント」の

中にある「区分所有法」(p.39)の部分を読んでください。

次に刑法による規制や各都道府県が定める迷惑行為防止条例による規制が考えられます。その内容は以下のとおりです。

他人の身体に不法に有形力を行使する場合には、刑法により暴行罪が成立します（刑法208条・法定刑は2年以下の懲役若しくは30万円以下の罰金又は拘留若しくは科料）。

Cさんの行動は隣人の身体に向けられたものではありませんが、隣人が自分の生命・身体に危険を感じてしまうようなプレッシャーを与えていた場合には、暴行罪が成立する可能性があります。

また、Cさんが隣人の家の前でゴルフクラブを振り回すときに、隣人だけではなく通行人も身体の危険を感じて不安を覚えるような状況になった場合には、各都道府県の迷惑行為防止条例で粗暴行為の禁止が定められていれば、その規定に違反したとして処罰される可能性もあります。

このようにCさんの迷惑行為は、刑法や迷惑行為防止条例に違反する可能性があります。

● 実際の対策について

ですが、Cさんは実際にはピアノの音や騒ぎ声がないのに、あると思ってこのような行動を起こしてしまっています。このようなCさんの状況では、もし刑法や迷惑行為防止条例によって処罰されることがあったとしても、Cさんが行動をあらためるきっかけになるかどうかは不明です。

Cさんには妄想の影響がみられ、警察官が出動する騒ぎにまで発展してしまっています。妄想とともに認知機能の低下の可能性が疑われる状況のもとでは、周りの人がCさんの言葉どおりに対応することは、Cさんの妻や周囲の人のためにならないです。Cさん自身にとっても納得がいかない状況が増えるかもしれません。

実際の対策としては、さきほど「被害妄想について」で述べたように、やはり治療に結びつけることが重要です。妄想の影響で自分が病気であることを認めるのは難しいでしょうから、もし不眠や気分の落ち込みがあれば、そちらを理由に受診を勧めるほうが同意してもらえる可能性があります。

● Cさん自身が生活騒音を起こしている場合

Cさんは隣家の騒音が気になっていますが、Cさん自身が早朝に隣家の玄関ドアを激しくたたいたり、夜遅くにインターホンをしつこく鳴らしたりしてしまっています。このような状況では、逆にCさん自身が生活騒音を起こしている可能性があります。

Cさんが生活騒音を起こしている場合に周りの人は何ができるか、については、次の「02. 夜中の大声や騒音」の「対応のヒント」(p.39)を参照ください。

COLUMN

施設選びで大切にしたいこと

『どこで暮らしてきたか』

住み慣れた家の近くで、生活していた部屋くらいの大きさで、捻出できる予算の中で、施設を選ぶ。これはもちろん大事な視点です。

『どのように暮らしてきたか』

しかし、もっと大事な視点は「どのように暮らしてきたか」ではないでしょうか。

ある老人ホームに入居されたAさんは、自宅のお花の手入れを欠かさず、隣人の方に花の育て方を指導するほどの方でした。認知症の症状が進み、老人ホームへの入居を検討されたご家族がこだわられたのは「花の手入れがホームで続けられること」でした。Aさんは老人ホームで介護を受け生活されていますが、花の手入れについては他の入居者やスタッフに教える先生です。

当たり前ですが、人は「誰かのため」「何かのため」に生きていますし、たとえ介護が必要になっても、認知症になっても、施設に入居しようとも、「誰かのため」「何かのため」に生きていきたいと思うのではないでしょうか。

住み慣れた家から少し遠くても、生活していた部屋と比べると少し狭くても、捻出できる予算より少し高くても、その方のこだわりや、やりたいことをきちんと理解し「その方らしい生活」をつくってくれる施設を検討するべきだと思います。

『その方の「いつも」を知る』

では「その方らしい生活」は、どうすれば知ることができるのでしょうか。Aさんのように家族がよく知っていることもあれば、家族であっても知らないことは少なくありません。またお一人で生活されていたり、高齢者だけで生活されている場合、その方らしい生活を知ることは容易ではありません。

しかし、近隣の人が少し気にかけ、コミュニケーションをとっている場合、「いつも」を知っていることが多々あります。家事が生きがいだった、ボランティアによく参加していた、という貴重な情報である「いつも」を。その情報を介護や医療の専門職と共有することは、施設選びにとても役立ちます。

『近隣の人同士の関わりが大切』

近隣の人がお互いに日々関わり「どのように暮らしてきたか」を知り合うことは、介護が必要になっても、認知症になっても、施設に入居しようとも、その方らしい生活を続けていくことができる、とても重要なことだと思います。

また、日頃から近隣の介護事業所を見学したり、イベントに参加してみることで、様々な情報が得られると思います。

02 夜中の大声や騒音

　現在、一人暮らしのDさん（68歳、女性）は、3年ほど前から昼夜問わず大声で騒ぐようになった。特に最近は深夜に大きな声を出していることが多く、隣に住むEさんはびっくりして目が覚める。Dさんは部屋の中だけでなく、ベランダで叫んでいることもある。壁をたたく音も頻繁に聞こえてくる。

　Eさんには小学校低学年の娘がおり、その声や音にひどく怯えている。Eさんは、Dさんの様子を心配する一方で、できれば、Dさんには引っ越してもらいたいと考えている。Dさんの家族がたまに様子を見に来る際、Dさんの現状を伝えるが、面倒くさそうな返事のみで何もしてくれない。

| Phase2 困惑 | 〈特徴〉物盗られ妄想や迷子、近隣住民の顔を認識できないといった問題が生じ、生活に支障が出はじめる。 | 〈本人や周囲の困り感〉本人の困り感は乏しいが、周囲が対応に困りはじめ、近隣住民との関係が悪化する。 |

対応のヒント

● 医学的観点から

　大声を出すことは、統合失調症で幻聴に悩まされている場合や、アルツハイマー型認知症などの認知症でも幻聴や妄想に左右されて大声を出すことがあります。この事例の場合、3年にわたって同じような状態が続いていますので、アルツハイマー型認知症などの進行する病気の可能性は低いです。

● 生活騒音

　隣の部屋の音が気になる。このような問題は「生活騒音」と呼ばれています。
　生活騒音では、EさんやEさんの娘さんのように騒音を聞く人に不快感が生じていることが問題となります。

● 生活騒音を規制する法律

　工場、建築、交通などにより発生する騒音の規制については、騒音規制法があります。他方で、人の声、ステレオや話し声、ペットの鳴き声、ピアノ、クーラーの室外機などの隣人が発生させるいわゆる生活騒音を直接に規制する法律は特にありません。

● 区分所有法

　DさんやEさんの住む建物が分譲マンションで、Dさんの生活騒音が区分所有者の共同の利益に反すると認められる場合には、「建物の区分所有に関する法律」(区分所有法)による規制が考えられます。Eさんを含む他の区分所有者の全員または管理組合法人は、Dさんに騒音を出す行為の停止などや、建物の使用禁止を請求したり、Dさんの所有する部屋などの競売請求ができることがあります(区分所有法6条1項、57条、58条、59条)。
　ですが、Dさんが請求に応じるかどうかは不明です。そして、Dさんの生活騒音がEさんだけでなく、マンション全体の共同の利益に反するとまでいえるか、建物の使用禁止や競売まで認められるほどの事情といえるか、についても疑問があります。

● 生活騒音を規制する条例

　都道府県などでは、条例で生活騒音を出さないようにすることを定めているところもあります。
　例えば「(自治体の住民は)日常生活に伴って発生する騒音により周辺の生活環境を損なうことのないよう配慮しなければならない」と定めているところがあります。
　もっとも、この定めを破っても罰則がなかったり、生活騒音を止めさせる強い規制をかけていない条例がほとんどです。

● 中立な立場の人に注意してもらう

　Dさんの状況を見れば、EさんがDさんと直接話をするのは誤解が生じるなど、こじれる可能性が高いです。そこで、法令上の根拠はないけれども、Eさんは、中立

な立場の人（大家さんや管理会社、管理組合の役員の人、場合によっては警察）を通じて注意してもらう方法があります。

もしDさんも納得できたのであればよいですが、今後の再発が見込まれる場合には、Dさんとの間で取り決めをして、それを記載して合意文書にまとめることも一つの方法でしょう。

● 地域包括支援センターに連絡

Dさんは高齢者であり、たまに様子を見に来るDさんの家族の理解も進まない様子です。そこでEさんとしては、地域包括支援センターに連絡し、Dさんの生活状況を確認してもらい、Dさんの心身の状況を福祉的に整える方向で模索してもらう方法も考えられます。

この方法の場合、地域包括支援センターの職員には守秘義務があり、その職員がDさんを訪問する理由については、Dさんにはわからないように配慮されます。そのためEさんは安心して連絡できるのです。

● 生活騒音に対応する一般的な法律・条例・管理規約

生活騒音に特化した法律や条例ではなく、民法や刑法などの一般的な法律や迷惑行為防止条例、マンションの管理組合規約などをもとに騒音を止めさせる方法が考えられます。

生活騒音がひどい場合には、傷害罪（刑法204条）や軽犯罪法の静穏妨害の罪（同法1条14号）にあたり処罰されることが

あります。もっとも犯罪の成立まで認められるケースは極めてまれです。

次に、生活騒音がひどく、一般生活上受忍すべき限度（受忍限度）を超えている場合には、違法な騒音といえるので、Dさんに対する損害賠償請求や差止請求が認められます（民法709条）。

さらに違法な生活騒音に対しては、DさんやEさんが住んでいる自治体の迷惑行為防止条例やマンション組合管理規約に生活騒音を防止するような規定があれば、その規定に基づいて、騒音を止めるよう申し入れることも可能です。

もっとも、違法な生活騒音といえるためには、単に不快な音というだけではなく、受忍限度を超えている場合に限られます。受忍限度かどうかは、侵害行為の態様・程度、被害の内容・程度、地域性、被害者の生活状況と侵害行為との関係などを総合的に考慮して決められます。受忍限度かどうかを判断するのは簡単ではありません。

● 客観的な証拠の重要性

隣家の声や音を不快に思うかどうかは、騒音を聞く人の感性に左右される場合があるため、生活騒音は他の人に理解してもらいにくいという特徴があります。

少なくとも、Eさんとしては、問題となっているDさんの生活騒音が、いったいどのようなものかを第三者に（場合によってはDさんにも）わかってもらうためには、生活騒音を録音するなど客観的な証拠を集めておくことが重要でしょう。

まとめ

　隣同士の関係はずっと続きます。わだかまりがあるとお互いに安心した生活が送れません。そこで、中立的な立場の人を通じてDさんに注意してもらうのが一番穏便な方法です。このとき、Dさんが納得すれば問題はなく、円満解決となります。しかし、Dさんが納得しなければ、Eさんも中立的な立場の人もDさんの恨みを買う恐れがあります。

　また、上で説明したとおり、Eさんは「注意をしてもらう」以外に複数の方法を選択できますが、どのような方法をとるにしても、ある程度時間がかかります。

　Dさんの生活騒音が落ち着かず、Dさんが引っ越しをしない場合に、EさんやEさんの娘さんががまんできないときには、Eさんが家族を連れて引っ越すという方法も現実的な手段でしょう。

　ただし、Eさんとしては、マンションが賃貸マンション・分譲マンションいずれなのか、住宅ローンの返済状況はどうなっているのか、Eさんの通勤状況・家族の生活状況がどうなっているのかなど、たくさんの要素を考慮する必要があり、簡単には決断できません。

　今回の生活騒音の問題は、地域包括支援センターへの連絡により、Dさんの生活が福祉関係者の支援を受けて整い、落ち着いていけば円満かつ自然に生活騒音の問題が解決する可能性が出てきます。

　EさんやEさんの娘さんがある程度の期間ならばがまんできるということであれば、先に述べた方法の全部または一部を積極的に試してみる意味はあるでしょう。

COLUMN

URの地域福祉医療拠点化の取り組み

『 超高齢社会の中で 』

　URといってわかるだろうか、正式名称は独立行政法人都市再生機構。60代以降の人には、住宅公団といったほうが通りやすいかもしれません。

　戦後の住宅難の解消のために、わが国は住宅の量を確保しようと、官民一体になって大規模開発や集合住宅の建設をしてきました。1950年代には、住宅金融公庫法、公営住宅法、日本住宅公団法ができ、公団が建設した住宅は、当時としては画期的なダイニングキッチンなどを備えて非常に人気でした。そして、その頃につくられたマンションが40年たとうとしています。

　超高齢社会となった今、URの住宅だけでなく、建物の高経年化とともに、入居者の高齢化、管理人の高齢化も課題となっています。

『 安心、生き生きの住まい・まちづくり 』

　そうした中で、URも超高齢社会での豊かな住生活の実現を図るため、UR団地およびその周辺地域で、高齢者がいつまでも安心して、生き生きと住み続けられる住まい・まちづくりを進めています。「地域における医療福祉施設の充実の推進」「高齢者等多様な世代に対応した居住環境の整備推進」「若者世帯・子育て世帯等を含むコミュニティ形成の推進」の三つの取り組みです。

　全国的な取り組みですが、団地の地域医療福祉拠点化に決まった形はなく、地方公共団体、自治会などの地域関係者と連携・協力しながら地域の状況に応じて、地域の自治体や活動団体、地域包括支援センター、関連事業者、大学、病院など様々な要素の中から必要なものを組み合わせて、住宅・施設・サービスなどの整備を推進しています。

　愛知県の豊明団地では、地元の大学と連携してまちかど保健室を設け、乳幼児から高齢者までの医療・介護・福祉などの無料相談を受け付けています。また、集会所に医療介護サポートセンターを誘致して、入院から在宅への移行支援の拠点ともなっています。

　東京の高島平団地では、団地内に医師会の運営による在宅医療センターを誘致し、訪問看護ステーション、在宅ケアセンター、地域包括支援センター、医療相談室の機能を備えた、"医療・介護のワンストップサービス"の提供を行っています。また、団地の一部を民間業者に一括して賃貸し、分散型のサービス付き高齢者向け住宅の運営も行っています。

　その他、URのパートナー事業者により、住まいの壁や天井に設置したセンサーにより、本人の動きが確認できないときに、コールセンターから家族などの緊急連絡先に連絡を入れる見守りサービスの提供なども実施しています。

『 連携のひろがり 』

　こうした動きは、地域の公営住宅にも派生しているようで、住宅の一部をサービス付き高齢者向け住宅にした愛知県の公営住宅には、これまで住んでいた戸建て住宅を売却し、移転してきた夫婦もいます。

　住宅と医療・介護の連携は、住環境を整えることにもつながり、成熟した社会における住生活の新しい動きであるともいえます。

COLUMN

地域支援の現場から

『 突然の知らせ 』

　ある日、見知らぬ人が来て、無理やり家から追い出される。いったい、どうなったのか、私はどうなるのか不安でたまらない。荷物が運び出され、私はまったく知らない場所へ行かされ、そこにいるよう言われた。何がどうなったのか、不安で怖くてどうしたらよいのかわからない。

　という状況が突然、認知症の方に起こることがあります。

『 原因と経過 』

　団地に長年住み、いつの間にか認知症になり、封書や手紙が届くが理解できない。

　玄関ドアをドンドンとたたかれることもあるが、怖くて出られない。

　周りとも疎遠で、そのようなことを相談できない。その結果、家賃滞納で強制退去。荷物は運び出され、本人は市が用意した宿泊所へ連れて行かれ暮らすことになる。

　その宿泊所に相談員はいますが、認知症に特化した場所ではないため、トラブルになることは言うまでもありません。環境の突然の変化、周りにいる方々の話を理解できない怖さは、どれほどのものでしょうか。

『 持ち家の場合も 』

　他に持ち家があっても、認知症などのために固定資産税などを長期間滞納してしまうと、自宅を売却せざるをえなくなり、住み慣れた居場所を失うこともあります。

　結果、同じように住み慣れた自宅を失い、初めての環境に置かれ、新たな人間関係、支援者に出会うことになります。

『 早期気づきの大切さ 』

　失うことばかりではなく、新たな関係がその方々に暮らしやすい環境や支援を届ける場合もありますが、自らの意思決定や選択ではないことは明白です。早くから周囲の関わりによってこのような経験をする人が少しでも減ることを願っています。

03 混乱に巻き込まれる近隣住民

Phase 2 困惑 → Phase 3 混乱

　Ｆさん（76歳、女性）は、３年前に夫を亡くし、それ以降一人暮らしをしている。夫の死によって気落ちし、家に閉じこもることが多くなった。

　１年前、同じフロアに住むＧさん夫婦が、偶然廊下でＦさんを見かけ挨拶をしたが、ＦさんはＧさんのことをわかっていない様子、服装にも無頓着になっているようであった。

　ある日、部屋の前でボーっと立ちつくしているＦさんを見つけ、声をかけると、「知らない男が家の中にいる」と訴えた。Ｆさんの部屋を確認したが、誰もいない。そのことをＦさんに伝えると納得して部屋に戻った。

　ところが、その２日後、Ｆさんがまた部屋の前に立っており、「家に変な人がいて、私を怒る」と訴えた。Ｇさんは、Ｆさんの部屋には誰もいないから大丈夫だとやさしく伝えたが、Ｆさんはパニックを起こしてしまい、「こんな怖いところには住めない！」「ここは私の家じゃない！」「私のことを責めないで！」と叫んだ。

　後でわかったことだが、Ｆさんは「知らない男がいる。追い出して」と、警察に助けを求めていたようだ。

Phase2 困惑
〈特徴〉物盗られ妄想や迷子、近隣住民の顔を認識できないといった問題が生じ、生活に支障が出はじめる。
〈本人や周囲の困り感〉本人の困り感は乏しいが、周囲が対応に困りはじめ、近隣住民との関係が悪化する。

Phase3 混乱
〈特徴〉生活の質がかなり低下し、支援がなければ生活を維持できない。家事がこなせず、ボヤ騒ぎなどを起こすこともある。
〈本人や周囲の困り感〉周囲は、どのように対応すればよいかわからず困り、疲弊する。

対応のヒント

● 幻視とレビー小体型認知症

　認知症の中でもレビー小体型認知症では幻視を伴うことがあります。現実と幻視の区別がつく場合もありますが、ご本人にはありありと本当の人のように見えて、現実の人と区別がつかないこともあります。

　人以外にも、動物や水の流れが見えたり、トイレの中に人がいるといってトイレに入れず失禁してしまったり、夫の愛人が来ているといって夫を責めたりするような事例もあります。

● 医療への結びつけ方

　抗認知症薬や抗精神病薬の服薬によって改善する場合もあるので、まずは治療に結びつけることを考える必要があります。

　このとき、ご本人にとっては見えていることは現実なので、頭ごなしに否定することは避け、まずは不安な気持ちに共感して寄りそうことが必要です。

　この事例の場合、「知らない男が家の中にいる」「こんな怖いところには住めない」と訴えていることから、ご本人の困っている気持ちや心細い気持ちに注目して対応すれば、受診に同意していただける可能性があります。

　いきなり精神科を受診することが難しい場合は、まずは目を診てもらうことを提案して総合病院の眼科を受診し、そこから精神科や脳神経内科を紹介してもらう方法もあります。医師からの勧めであれば受け入れることも多くあります。

　パーキンソン症状といって手足のふるえや歩行障害がみられることもありますので、そういった場合は、その症状をとらえて脳神経内科への受診を勧めるとよいでしょう。

　医療機関へのつなぎ方については「1. ケーススタディ」の「02. 対応のポイント」（p.25）も参照してください。

● レビー小体型認知症の他の症状

　ちなみに、うつ症状を合併することもレビー小体型認知症の一つの特徴で、この事例でも初期に家に閉じこもることが多くなっており、その可能性があります。

　うつは、悲しい感情が強まったり、体の不調への心配が過度になったりします。その場合、抗うつ薬による治療で改善する可能性もありますので、幻視と同じく医療機関への早期の受診が望まれます。

04 10階の窓外を歩く隣人

　15階建てマンションの10階に一人で住むHさんは、自宅ベランダの柵の外側を同じ階に住むIさん（83歳、男性）が歩いているのに気づいた。Hさんはベランダから、Iさんに「あぶないですよ、部屋に戻りましょう」と大声で声かけしたが、Iさんは聞こえていない様子だった。

　Hさんは家族に110番通報を頼んだ後、柵の内側からなんとかIさんを抱きかかえて保護。約15分後に駆けつけた警察官と管理組合役員らに救助され、けがはなかった。

Phase2 困惑
〈特徴〉物盗られ妄想や迷子、近隣住民の顔を認識できないといった問題が生じ、生活に支障が出はじめる。
〈本人や周囲の困り感〉本人の困り感は乏しいが、周囲が対応に困りはじめ、近隣住民との関係が悪化する。

Phase3 混乱
〈特徴〉生活の質がかなり低下し、支援がなければ生活を維持できない。家事がこなせず、ボヤ騒ぎなどを起こすこともある。
〈本人や周囲の困り感〉周囲は、どのように対応すればよいかわからず困り、疲弊する。

対応のヒント

　Ｉさんがベランダの柵の外側を歩いているのを見たＨさんは驚かれたと思います。今回は、救助に警察官が関わっていますので、警察からＩさんの家族に連絡がなされたと思います。

　家族としては、地域包括支援センターに連絡をし、Ｉさんの状況を確認してもらい、今後の対応を考えることになるかと思われます。もし、家族が地域包括支援センターに連絡をとらない場合、管理組合としては、Ｉさんの生命に係る事案として、行政や地域包括支援センターに連絡をとる必要があります。

● ベランダの専用性と共用性

　マンションのベランダの塀や柵の高さは、1.1ｍ以上と定められています（建築基準法施行令第126条）。Ｉさんは、それを乗り越えて、柵の外の幅10センチほどのスペースを横向きに歩いていたということです。

　マンションのベランダは、室外の廊下やエントランスと同様に共用部分とされていますが、通常は、マンションの使用細則である程度の用法制限があるものの、ベランダに接する住戸の居住者のみが使用する（専用使用権）部分とされています。

　エアコンの室外機やプランター、丈の低い物干し台などがベランダに置かれているのは、この専用使用権があるからです。しかし、ベランダを専有部分と同様に考えて、物置を置いたり、隣接住戸との仕切りにある防火板横に物を置くことは、用法違反とされています。

　Ｉさんは、窓を玄関と間違えてベランダに出たのかもしれません。そして、ベランダに置かれた物を踏み台にして、あるいは、ベランダに出ているゴミの山を足がかりに柵を越えたのかもしれません。

　Ｉさんのご家族や近隣住民は、Ｉさんの様子の変化には気づかなかったのでしょうか。

　早めにＩさんの変化に気づき、ベランダにある足がかりとなるものを片付ければ、柵を乗り越えることはなかったかもしれません。

　その意味で、ベランダが物であふれているのは危険なサインです。

　早めに地域包括支援センターに相談、あるいは家族に連絡をとって、Ｉさんの状況を確認してもらえば、認知症カフェなどの高齢者サロンの利用、介護保険による介護サービスの利用などを考えることができます。

● ベランダにある動産の撤去

　今後、Ｉさんがベランダの柵を乗り越えないようにするために、管理組合は、ベランダにある物やゴミなどの撤去を請求することはできるのでしょうか。

　Ｉさん自身やその家族が、ベランダに置いてある物を撤去できればよいのですが、

Iさんが拒否した場合、家族が何もしない場合はどうなるのでしょうか。

バルコニーは共用部分ですが、前述のように、用法に従って住戸の居住者が利用することができます。しかし、物やゴミがバルコニーにあふれている場合は、マンションの美観を損なうだけでなく、衛生面でも問題となります。

また、マンションのベランダは隣接住戸の火災時の避難ルートともなっています。そのため、ベランダへの大量の物の放置は、区分所有者の共同の利益に反している可能性も高く、管理組合からベランダ放置物の撤去を求めることが考えられます（建物の区分所有に関する法律57条）。

また、ゴミ屋敷対策に関する条例が制定されている市町村では、行政に相談することも考えられます。

ただし、一般的にゴミだと思われるものも、本人にとっては価値のある物、自己の所有物であると考えていることが多く、管理組合としても、慎重な対応が必要となります。

● 管理組合の責任とできること

管理組合は一般的に、住戸内やベランダの様子をうかがい知ることはできません。そのため、ベランダの塀の高さや柵の幅が、建築基準法や各地域の条例などの基準を満たしていれば、居住者が塀や柵を越えることは想定されていないため、居住者の転落について、管理組合に責任がおよぶことはないでしょう。

しかし、Iさんのように、認知症の症状が疑われる場合には、行政や地域包括支援センターに相談し、マンションの生活者の安心とともに、本人の安心・安全を確保する対応が求められます。

● 医学的観点から

認知症では判断力が低下して、何か一つのことに注意が向いてしまうと他のことが目に入らなくなり、危険を察知することができず、思わぬ事故につながることがあります。

今回の事例では、どのような理由でベランダの柵の外に出たのかはわかりませんが、ご本人なりの理由があったものと推測されます。

COLUMN

管理組合の視点
―管理組合の役割と町内会や役所との連携―

『 管理組合の仕事 』

　みなさん、分譲マンションの管理はどうしていますか？

　「建物の区分所有に関する法律」では、「区分所有者は、全員で、建物並びにその敷地及び附属施設の管理を行うための団体を構成し、この法律の定めるところにより、集会を開き、規約を定め、及び管理者を置くことができる」（第3条）と規定しています。区分所有者全員といっても、すべての管理業務について全員の了解を得ることは現実的ではないので、一般的には、区分建物の所有者で「管理組合」を組織し、総会で役員を選んで、管理業務を行っています。

　このように、「管理組合」は区分所有者の集まりで、その業務は、「建物並びにその敷地及び附属施設の管理」となります。

　国土交通省が公表している「マンション標準管理規約」によると、「管理組合」の具体的な業務には、マンション内の敷地や共用廊下、階段、エレベーター、外壁などの共用部分の保安、保全、保守、清掃、消毒、ゴミの処理、修繕などがあります。そのための、長期修繕計画の立案や修繕積立金の安全な運用、火災保険や地震保険への加入などもそうですし、「官公署、町内会等との渉外業務」や「マンション及び周辺の風紀、秩序及び安全の維持、防災並びに居住環境の維持及び向上に関する業務」も入っています。

　町内会の業務のようなものも含まれているとお思いでしょうが、マンションの一室がゴミ屋敷になっていると、その住戸だけでなく、マンション全体の美観・景観も損なわれ、マンション全体の資産価値が下がります。そのため、マンション居住者にゴミの撤去を求めるのも管理組合の業務となります。個々の住戸内の問題ではなく、マンション全体の問題となるので管理組合が関与するわけです。

『 古いマンションだからできること 』

　マンションというと、隣の人が何をしているのかわからない、めったに会うこともないというイメージをもっている方もいるかもしれませんが、築30年経過したマンションではそれなりのコミュニティが形成されて、あの部屋の人はこの頃元気がない、もの忘れが激しくなっているという情報を住人がもっていたりします。また、管理人や清掃員からの情報として、中庭でボーっと立っていた、部屋から異臭がするという報告が「管理組合」の役員に届くこともあります。

　「管理組合」としては、こうした情報を勘案して、上記のゴミ屋敷の対応でも、ただ単に本人にゴミを撤去せよというだけではなく、親族に連絡したり、親族と連絡がとれない場合には、町内会や役所、地域包括支援センターなどに相談をして、ヘルパーさんなど本人の生活支援の手配をお願いすることもできるでしょう。「管理組合」はマンションの維持管理のための組織ですが、マンション全体のためにも、町内会や役所など、居住者の生活を守るところに「つなげる」という役割も担っています。

05 自分の家がわからない

Phase 3 混乱

　マンションの管理人に住民Jさんから電話が入った。「3階に住むKさん（78歳、女性、独居）が、毎日ドアをたたきに来て困る」という内容であった。2階に居住しているJさんの玄関ドアを、日に何度もKさんがたたき、「中に入れて」と訴えているようである。

　Jさんは当初、Kさんのことを不審に思いながらも、「Kさんの部屋はここじゃないですよ」と言って3階まで案内していた。しかし、それ以降も何度も玄関ドアをたたきに来て、ついにはJさんの部屋の前に居座るようになった。

　Jさんからの苦情を受け、管理人がKさんに「Kさんのおうちは3階ですよ、ご自分の部屋に戻りましょう」と促すと、「どうしてここにいてはだめなの？　ここが私の家なのよ」と、管理人の言葉を理解できない様子である。

| Phase3 混乱 | 〈特徴〉生活の質がかなり低下し、支援がなければ生活を維持できない。家事がこなせず、ボヤ騒ぎなどを起こすこともある。 | 〈本人や周囲の困り感〉周囲は、どのように対応すればよいかわからず困り、疲弊する。 |

対応のヒント

　Kさんは、Jさんの家が自分の家と信じています。客観的にみると間違っていることも、Kさんにとっては、自分の思うことが真実なのです。

　さらに、記憶にないことは事実ではないととらえます。その点の真偽を問うことは、意味がありません。負の感情だけを引きずり、何の改善にもならないことが多いです。

●環境

　基本的な対応として、マンションの玄関ドアや壁に、氏名や矢印などを表示することが挙げられます。

●地域ネットワーク

　家族、管理人や自治会長、民生委員、医療、地域包括支援センター、金融機関、近隣店舗へ情報提供し、みんなで支える体制をつくりましょう。

●医療

　外来での受診が難しいときは、訪問診療へ切り替え、心身ともの医療的評価を行い、必要な治療を行います。認知症の症状がみられる場合も、進行を遅らせたり、軽減できたりする可能性もあります。

　もし検査などが必要なときは、地域ネットワークで協力し、検査入院も試みると、他の身体的疾患も発見できたり、治療ができることも考えられます。

●サービス

　介護保険の申請を行い、出かける目的、時間帯などを評価し、その頻度の高いときにヘルパーやデイサービス、ショートステイを利用することで、危険な外出が、安心・安全なお出かけになるでしょう。

　さらに、それらのサービスを使うことで、生活が安定し、Kさんに安心感が生まれ、言動が落ち着く可能性もあります。

●事業・制度

　日常生活自立支援事業を検討、契約能力が不十分な場合は、成年後見制度の申立てを行い、財産、生活を守り支えましょう。制度を利用することで、財産関係が明らかになり、計画的に収支を考え、家計管理ができます。

　他にも、詐欺、悪徳商法などからの被害が防止できる一方、必要な契約ができ、生活の安心感が高まることが期待できます。

06 滞納問題

Phase 3 混乱

　分譲マンションの1戸を所有しているLさん（70歳代、女性）。これまでLさんが負担する管理費などは、Lさんの銀行預金の口座からきちんと引き落とされてきた。

　ところが、3年前から突然引き落としができなくなった。マンションの管理組合の歴代の理事は、年度ごとに交代するため、会計に不慣れな理事が請求書を送らない年があったり、請求書を送っても無視される年があった。

　Lさんは朗らかな人だったのに、3年前からは部屋に閉じこもり、人づきあいを避けるようになった。理事がマンション内でLさんを見かけ、管理費などの話をしようとしても会話が成り立たず、Lさんの家の中からは異臭がしていた。

| Phase3 混乱 | 〈特徴〉生活の質がかなり低下し、支援がなければ生活を維持できない。家事がこなせず、ボヤ騒ぎなどを起こすこともある。 | 〈本人や周囲の困り感〉周囲は、どのように対応すればよいかわからず困り、疲弊する。 |

対応のヒント

● 滞納問題の現状

マンションに暮らす一部の人が管理費などを払ってくれない。このようなマンション管理費などの滞納問題は、多くのマンションの管理組合で問題となっています。

国土交通省は、全国的に調査を行い、マンションに関する統計・データなどを公開しています。その中の「平成30年度マンション総合調査結果」では、回答した管理組合のうち、管理費などの滞納問題が発生していると回答した管理組合は、減少傾向にはあるものの、実に24.4％にも上っています。

図● 管理費等の滞納戸数割合

出典：平成30年度マンション総合調査結果からみたマンションの居住と管理の現状（国土交通省　平成31年4月26日公表）18頁

● 管理費・修繕積立金の負担の根拠

マンションの管理について定めている法律として、建物の区分所有等に関する法律（区分所有法）があります。

マンションを購入した人は、区分所有法上の「区分所有者」となります（区分所有法2条1項、2項）。

区分所有者は、管理組合の決議か、マンションの管理組合が設立されたときの管理組合規約にしたがって、管理費を負担したり、場合によっては修繕積立金も負担しています。多くの場合はマンションの管理組合規約の中に負担に関する規定が書かれていることが多いです（区分所有法3条、18条1項、2項）。

Ｌさんは分譲マンションの1戸を所有していますから「区分所有者」であり、マンション管理組合の規約により管理費と修繕積立金（以下「管理費など」といいます）を負担しなくてはなりません。マンションの管理組合の理事は、毎年Ｌさんへの対応に苦労されているようです。

前述の国土交通省の「平成30年度マンション総合調査結果」によると、平成30年度では、管理費などの３か月以上の滞納が発生している管理組合の割合は24.8％にも上ります。
　Ｌさんのマンションとは滞納の時期の長さは違ったとしても、全国のマンションの管理組合のうち実に４分の１近くのところでは、同じような管理費などの滞納問題を抱えているようです。

● 消滅時効の恐れ
　このまま理事がＬさんへ管理費などを請求しなかったり、払ってもらえないままでいると、大変なことになります。金額の大小にかかわらず、マンションの区分所有者間での不公平が続き、住民の間で不満が高まります。
　それだけではなく、この状態があと１年間続くとマンションの管理組合のＬさんへの月々の管理費などの請求権は、滞納から５年の経過により時効でそれぞれ消滅してしまいます（民法169条、最高裁判所第二小法廷平成16年４月23日判決）。このような事態を解消・予防するためには、なんとしてもＬさんに支払ってもらわなければなりません。理事としてはどうしたらよいのでしょうか。

● 一般的な解決策
　一般的には、マンション管理組合がＬさんに会って話したり、管理会社や管理人を通じてＬさんに会って話す方法が考えられます。話すだけではなく書面（内容証明郵便・書留郵便・普通郵便・ポストに通知を投函）で請求をする方法も考えられます。
　人づきあいを避けたり、部屋に閉じこもっている人の場合は、話すことや書面での請求に応じないことがあり得ます。現に、Ｌさんは理事の話に応じてくれません。そこで、請求に応じない場合は訴訟を提起することも考えられます。
　もっとも、Ｌさんが自分の家以外にめぼしい財産をもっていなかったり、現金・預貯金を管理できなくなっていた場合には、困ったことになります。マンション管理組合がＬさんに裁判で勝っても、現実的に滞納した管理費などを確保できないかもしれません。裁判のための費用もかかってしまいます。
　また、区分所有法では、区分所有者が「建物の保存に有害な行為その他建物の管理又は使用に関し区分所有者の共同の利益に反する行為」（共同利益背反行為）をした場合に、専有部分の使用禁止や競売を裁判で求めることができるとされています（区分所有法58条、60条）。
　Ｌさんの滞納が共同利益背反行為にあたる場合には、競売などの強力な手段を検討する余地はあります。ですが、Ｌさんの

管理費などの滞納について、このような強力な手段が認められるほどの共同利益背反行為なのだと裁判所に認めてもらうことは、簡単ではありません。裁判のために時間もかかりますし、前述の裁判のための費用がかかる点も大きな負担になってしまいます。

そこで、他にも滞納者がいるなど、マンションの住民間の不公平感をなくすことが重要な場合には、低額の滞納であっても見逃さないために、マンションの管理組合規約を変更することも考えられます（区分所有法30条、31条1項、2項）。

この方法は、区分所有者の4分の3以上の承認を得る必要があり、ハードルがかなり高いものではあります。ですが、かなり現実的な方法です。この方法であれば、例えば管理組合規約を変更して、「理事長が滞納者への請求に弁護士などの活用を決定した場合に、滞納管理費などだけではなく、裁判のための費用や弁護士への報酬までも滞納者に請求できる」という内容の規定を設けることができます。

このような強力な規定を設けることができれば、理事が裁判を起こす前に滞納者に強く促し、滞納者が損得勘定で支払いに応じることも期待できます。

ですが、Ｌさんの様子や部屋から出ている異臭からすると、Ｌさんが認知症になっている可能性があります。また、Ｌさんが認知症でなくても、いずれにしても生活に支障が出ている可能性が高いです。Ｌさんが、わざと支払わないようにしていると決めつけるのは早計です。

Ｌさんは、支払わないのではなく、判断能力が低下して支払えなくなっているのかもしれません。このようなＬさんが、一般的な滞納者のように損得勘定で請求に応じることができるかどうかわかりません。Ｌさんに対して裁判を起こすことは、必ずしも適切な手段とは限りません。

● 認知症の疑いがある場合の解決策

Ｌさんの生活をベースに考えれば、まずは地域包括支援センターに連絡して、Ｌさんの生活について、支援の手が行き届くようにするのが重要です。その中で、必要があれば、Ｌさんには日常生活自立支援事業での支援や、成年後見人などが就任した上での支援がはじまるかもしれません。

その場合には、Ｌさんは、後見人などから財産管理としての支援を受けるなど、福祉的支援や法的支援を受けながら、滞納問題を解決していくことになるでしょう。

Ｌさんの判断能力に疑いがある場合には、その能力が十分であることを前提にした法的解決よりも、Ｌさんの現在の判断能力に応じた福祉的支援・法的支援の観点からの解決策を検討することが必要ではないでしょうか。

COLUMN

分譲マンションの理事会
―役員の高齢化と外部専門家の利用―

『外部専門家も理事に』

　マンション居住者の高齢化で役員のなり手がいないというだけでなく、理事長が認知症になって業務ができなくなり、他の理事が対応しているという話も聞く昨今です。

　これまでは、理事が病気や事故で理事会に出席できないときは、管理規約に「配偶者又は一親等内の親族に限り、これを代理出席させることができる」という条項を設けて対応していましたが、国土交通省が作成したマンション標準管理規約（2016年改正版）では、さらに一歩進めて、組合員以外の者も理事や監事になれる条項を設けました。これにより、役員のなり手が少ないマンションでも、マンション管理士などの外部専門家を理事にして、理事会を適正に運営することができるようになりました。

　しかし、実際に役員をやって、初めてマンションのことがわかったとおっしゃる方もたくさんいらっしゃいます。外部専門家を役員にする場合でも、まかせきりにせずに入居者役員との役割を明確にし、居住者が役員になることを通してマンションのこと、マンション管理のことを知ってもらうことも大切です。

『居住者主体で』

　マンションやマンション居住者のことは、そこに住んでいる人がよく知っています。居住者の危険行為、ゴミ屋敷などに関する管理人や清掃員からの報告も、居住者が自分の住んでいるマンションのこととしてとらえないと住環境は良くなりません。その上で、外部専門家を利用して、マンションの住環境を整えることが大切だと思ってください。

　また、外部専門家を利用するとなると費用がかかります。投資型マンションの場合であれば必要経費と割り切る方も多いでしょうが、一般的な居住用マンションの場合には管理費の増額に反対する意見も出てくるかもしれません。マンション居住者の大半が年金生活者になっている場合には、特にそうです。

　外部専門家を入れることによって、管理会社との委託契約の見直しができて、管理費増額の必要がなくなった、これまで3時間かかった会議が1時間になった、毎月の理事会が2か月に一度になって負担が減った、他のマンションでの高齢者対応を聞いて参考になった、理事会でみんなに話を聞いてもらえるようになったなどとなればよいですね。

高齢者の賃貸契約と保証人問題

『保証人がいないとき』

　「賃貸住宅に住みたい。でも保証人になってくれる人がいない」

　高齢者が新しく賃貸住宅に住もうとするときに、保証人を要求されることがあります。また長年住み慣れた賃貸住宅に住み続ける場合でも、賃貸契約の更新時に当初の

COLUMN

保証人が保証人を続けられなくなることがあります。そんなとき大家さんや不動産管理会社から、「連帯保証人がいないと賃貸契約を結べません（更新できません）」と言われてしまうことがあります。

賃貸契約を更新するケースには様々な場合があり、その場合の状況ごとに「高齢者が賃貸住宅に住み続けられるか」という問題の結論が大きく異なります。そのためこのコラムでは新しく賃貸住宅に住もうとする場合に限定してお話しします。

高齢者が自分の望む条件をバランス良く満たす民間の賃貸住宅を探す。これは、家賃が低めに抑えられた公の賃貸住宅の場合とは異なり、なかなか難しいものです。また、大家さん側としても、借主が賃貸住宅内で亡くなったり、認知症になってトラブルが起きることをなるべく避けたいという思いがあるので、高齢者に貸すことを渋る傾向があります。そのような状況の中で、高齢者は、保証人を要求されてうまく見つけられないときに、入居先を探すのがとても難しくなります。

『 自治体の支援制度 』

このような保証人がいない高齢者のために、自治体によっては支援制度を設けているところがあります。例えば、自治体と協定を結んだ家賃保証会社が保証人となり、借主の高齢者が保証団体に保証料を払う制度です。その保証料の一部を助成する自治体もあります。自治体の高齢者担当の窓口に相談して確認するとよいでしょう。

『 保証会社選びは慎重に 』

他方、住んでいる自治体にこのような支援制度がない場合、高齢者が、あくまで民間の賃貸住宅に住みたいと希望するのであれば、保証人を必要としない物件を探すか、保証会社が保証人になれば入居を認めるという物件を探す必要があります。

ここで注意が必要なのは、"保証会社が信用できるか"という点です。高齢者が保証会社を見つけることが必要な場合もありますが、大家さんが保証会社を準備している場合もあります。このとき保証会社とのトラブルが起きる可能性があります。

不必要に高い保証料を払わされる場合や、保証会社が途中で倒産して保証業務を行わなくなってしまう場合などです。そのため、保証会社を選ぶときには、保証会社がどんな会社なのかをよく吟味しましょう。

『 保証人がいなくてもよい場合 』

高齢者の判断能力が認知症などの理由により低下している場合には、その高齢者がうまく言いくるめられて、不利益を受ける危険が高まります。

高齢者の判断能力が低下している場合には、周りの人が協力して、その高齢者の判断能力の程度に応じた財産管理や見守りを担当できる専門職である弁護士や司法書士、社会福祉士に相談・依頼することや、家庭裁判所に成年後見人などを選任してもらうことを検討しましょう。

専門職が代理人になったり後見人などが就任した場合には、「保証人がいなくても財産管理やトラブル対応が見込めるので構わない」と対応してもらえる物件もあります。解決策の一つとして検討してみてはいかがでしょうか。

07 ボヤ騒ぎや出火の危険性

　Mさん（82歳、女性）はマンションの4階に娘（53歳）と二人で住んでいる。娘は地元の会社に勤務しており、昼間はMさんが一人で家にいる。Mさんは、もともと朗らかな性格で、隣人と会えば必ず挨拶を交わし、立ち話をするのが好きであった。

　5年ほど前、友人と食事の約束をした際、待ち合わせの時刻を忘れ、友人からの電話で気がついた。この頃、Mさんはもの忘れが増えてきたことや、夕食の献立を考えるのが億劫になってきていることを娘に話していたが、娘は年のせいだと思い気にとめなかった。そのうち、友人と会う回数も減っていき、買い物をする以外では外出しなくなった。

　2年前、Mさんは鍋を火にかけたまま買い物に出かけ、ボヤ騒ぎを起こしてしまった。その後、2年の間に4度ものボヤ騒ぎを起こしている。本人の外出中にボヤに発展するため、警報音や煙に気づいた近隣居住者が119番通報をしている。この状態に近隣住民からは苦情が殺到し、娘も精神的にかなり疲弊している。

| Phase3 混乱 | 〈特徴〉生活の質がかなり低下し、支援がなければ生活を維持できない。家事がこなせず、ボヤ騒ぎなどを起こすこともある。 | 〈本人や周囲の困り感〉周囲は、どのように対応すればよいかわからず困り、疲弊する。 |

対応のヒント

娘さんとしては、まず、地域包括支援センターなどで、福祉専門職にMさんの状況を確認してもらうことが必要でしょう。Mさんが、このままマンションで暮らせるのか、暮らすとしたら、どのような対応をすべきなのか、ボヤを起こしている原因を探ってもらい、例えば、台所での火の不始末が原因なのか、仏壇の灯明が原因なのかなど、原因がわかれば、調理器具を変えたり灯明を電池式のものにするなどで、対応ができるケースもあります。

また、住民の苦情は、管理人が把握していることが多いのですが、管理人から管理組合の役員に報告する流れができていると、役員から家族の方に、地域包括支援センターや行政の連絡先や利用の仕方を説明することができます。

管理組合の業務は、基本的にはマンションの建物や敷地および付属施設の管理のための業務に限定されますが、管理組合で高齢居住者などの配慮に関する合意をし、マンション内に高齢居住者の見守り体制を設けたり、自治会（町内会）と連携をして対応している事例もあります。

高齢により身体上の障害も多くなりますので、管理組合も、高齢者や障害者に配慮する姿勢が大切です。

● 早めの気づき、早めの支援

2年間に4度のボヤ騒ぎ。ボヤということなので、室内での失火で、隣家に延焼はなかったと思われますが、娘さんは、Mさんのもの忘れが増えてきた時点で、失火対策とともに、Mさんの具体的な生活支援の方法を模索しておくべきでしょう。

Mさんは、ボヤ騒ぎの前に、何度か鍋を焦がしていたのではないでしょうか。

鍋が新しくなっていたり、帰宅時に焦げたにおいが残っていたり、気づきのポイントはいくつかあったと思います。消防法の改正により、現在、すべての一般家庭に火災報知機の取り付けが義務付けられているので、火災報知機は設置されているはずですが、警報音は戸外まで聞こえにくいものです。

Mさんが鍋を焦がしたことがわかった時点で、自動消火機能付きガスコンロへの変更、石油ストーブからエアコンへの切り替え、Mさんについての家事支援の利用などを考えることが必要となります。早めに、地域包括支援センターに相談をし、Mさんの状況を確認して、認知症カフェなどの高齢者サロンの利用、介護保険による介護サービスの利用などを考えましょう。

● 損害賠償の可能性も

これまではボヤですんでいても、万が一、隣家に延焼した場合、損害賠償責任を問われることも考えられます。「失火の責任に関する法律」（失火責任法）では、失火者に重大な過失がなければ賠償請求を行うことはできないとされていますが、2

年間に4度のボヤ騒ぎが起き、その間に何らかの手立てをしていなければ、重大な過失とされ、損害を請求される可能性もあるでしょう。Mさんが認知症と認められれば、Mさんには責任能力がないと判断されるかもしれませんが、娘さんには、監督責任や老親の扶養義務（民法714条・730条・877条1項）から、損害賠償責任を負う可能性もあります。

また、Mさん親子がこの住戸を賃借している場合、区分所有者である大家さんとの関係では失火責任法の適用はないので、被害に応じて、大家さんに対する損害を賠償することになります。

○ **長くマンションライフを送ることができるように**

Mさんは、このままでは、失火を自分の責任と考えてひきこもりがちになり、うつや認知症の進行を早めてしまうかもしれません。それにより、Mさんの生活能力が低下し、自宅での生活ができなくなり、老人施設入所の選択肢しかなくなるかもしれません。

逆に、早めの支援があれば、Mさんの生活に支援を入れて在宅での生活が継続できます。サロンやデイサービスの利用により、新しい友だちができたり、新しい趣味が見つかるかもしれません。まずは、地域包括支援センターに相談しましょう。

管理組合や自治会役員のみなさんも、Mさん親子がいつまでもこのマンションで暮らせるように、見守り支援の輪をつないでください。

COLUMN

民生委員、頑張っています

『 困りごとはオートロック 』

　近所の民生委員に、マンションの関係で困っていることは？　と聞くと、間髪を入れず「オートロック」、玄関に行くまでに三つも関門があると言います。まず、マンションの入り口でドアを開けてもらい、次にエレベーターのところで開けてもらい、最後に部屋の前で玄関を開けてもらいます。そこから1階下の別の高齢者のところに行こうと思っても、一度、1階までおりてから、再度、ロック解除をしてもらわないと、そのフロアにしかエレベーターが止まらないマンションもあります。

　スムーズにお会いできる方はよいのですが、「インターホン越しの会話だけでよいだろう」と言う方、「このマンションは、民生委員ごときが来るところではない」「私は、友人が多くて、地域での活動に参加しない」などと言う方もいるそうです。

　家族が来るとしても、年に数回、多くても月に1、2回という状況では、本人の変化もわかりにくく、子や孫が来るからといって、張り切って、そのときだけはしっかりとする高齢者もいます。

　しかし、こうした方が病気や事故で介護が必要になったとき、認知症が進行したときはどうなるでしょう。日頃から地域とのつながりがないと、周りの支援が行き届かず、支援を受けての緩やかな日常生活が送れないのではないでしょうか。

『 セキュリティーの壁は連携で 』

　民生委員は、福祉や医療の専門家ではないので、地域包括支援センターや介護職などの専門家に間に入ってもらい、家族に、本人の現状を認識してもらうことになりますが、日頃の状況の把握が、セキュリティーの大きな壁に妨げられています。

　ある民生委員は、マンションの管理人に、自分の入・退去の確認をして立ち入ることができるように管理会社に協力してもらい、さらに、管理組合を通じて、民生委員の活躍を居住者に紹介してもらったことにより、入居者に福祉情報や災害などの行政情報をお知らせすることがスムーズになったそうです。

『 自治会のメリットも考えて 』

　「マンションを終の棲家とするのであれば、自治会をつくってほしい。自治会がないと回覧板が回らない。回覧板が回っていないと、災害時にどこでどのように対応するのか、防災対応ができない」。

　自治会をつくったことにより、行政との関わりが密になって、いろいろな情報をもらえるほか、女性会や老人会、サロンづくりの助成もしてもらって、生きがいづくりまでできたという話もあります。行政も大いに利用してみてはいかがでしょうか。

※民生委員とは、民生委員法に規定された非常勤の地方公務員で、地域社会に根ざした無給の相談援助職とされています。任期は3年で、都道府県知事の推薦を受けて厚生労働大臣が委嘱しています。

08 高齢者夫婦の介護拒否

　高齢者夫婦が、子どもの独立を機にタワーマンションの最上階に引っ越した。数年後に妻がアルツハイマー型認知症になり、夫が中心となって介護を続けた。

　その数年後に夫が脳梗塞を発病し、血管性認知症となった。二人とも要介護1と認定されたが、自宅にケアプラン作成に訪れたケアマネジャーやホームヘルパーをまったく受け入れようとしない。「しっかりと生活できている」「人の手は借りない」「娘の世話にはならない」と語気を荒げる。

　ついには、夫婦ともども介護拒否の状態になってしまった。風呂にも入らず、食事も買い出しも思いついたときにだけしている状態であった。娘も、玄関先までしか入れてもらえず、二人はどんどんやせていった。

| Phase4 危機 | 〈特徴〉自活が難しく、施設入所が必要となる。 | 〈本人や周囲の困り感〉周囲は、本人が居住していた部屋の整理に追われるなど、退去後にも対応を必要とされる。 |

対応のヒント

● あきらめない関わり
　完全に介護拒否に至ってしまう前に、医療や介護の専門家が細やかに関わりを保つことが望ましいでしょう。それが難しい場合は、配食サービスなど、食事に関わる安否確認を1日1回は行うことで急変を発見するような手立てを考えます。

● 気づき
　このようなケースでは、消極的な関わりしかもてない場合もありますが、異変を見逃さないように関わりをもち続けたいものです。急変時の連絡網や、このようなときにはいつ、誰が、どのように対応するのか事前に対応を決めておき、そのときは娘さんとも十分打ち合わせておくとよいでしょう。

　急変時に一旦は救急搬送され、入院になったとしても、退院するまでの間に今後の生活について検討することができます。成年後見制度、介護保険のサービス、地域においての連携（自治会長、民生委員など）などが必要になるでしょう。どのような場所で、どのような方法で暮らし、支えることが最善なのか、ご夫婦の意向や、家族の希望、経済面、生活機能、身体状況、介護の必要性などを考慮し、決定していくことになります。

● 緊急時に備える
　いざというときのために、事前に連絡網の整備として、「平日、休日、日中、夜間はどこの誰に連絡をするか、例えば娘さん、主治医、地域包括、役所などの順番を決めておく」ことと、具体的に連絡が必要な状況として、「数日、高齢者夫婦を見かけない、声や生活音がしない、配食をとっていない」や「目がうつろ、話かけても反応がない、ふらつきが強い、立てない、脈が非常に速い、言葉が出にくくなっている、トイレに行けなくなっている」も共有しておきたいところです。

　また、「まずは主治医へ連絡し、指示をもらい救急車を呼ぶ。できれば事情を伝えてあるA病院、難しいときはB病院」などもある程度決めておけば、周りも安心して関わることができ、高齢者夫婦をより早く必要な治療や支援へつなげることができるのではないでしょうか。

● 地域包括支援センターへつなぐアプローチ
　地域包括支援へ相談をするときは、困りごとや介護についての相談があるときだと思います。しかし、そのような必要性があっても、高齢者自身がその状態を認めない、受け入れない、家族、支援者との関わりを拒否することがあるのも事実です。

　そのようなときは、地域包括が企画する体操教室や健康に関するイベントなどに、気軽に参加してもらうことからはじめてみてはいかがでしょう。

COLUMN

マンションの今後 ——地域福祉の社会資源として——

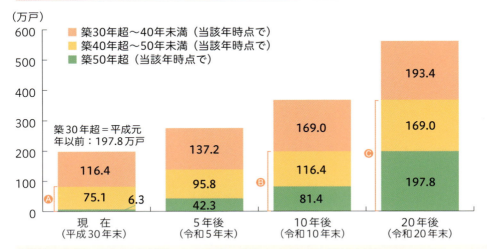

- 築40年超のマンションは現在81.4万戸であり、ストック総数に占める割合は約1割。
- 10年後には約2.4倍の197.8万戸、20年後には約4.5倍の366.8万戸となる見込み。

Ⓐ築40年超＝昭和54年以前：81.4万戸　Ⓑ築40年超＝平成元年以前：197.8万戸
Ⓒ築40年超＝平成11年以前：366.8万戸

※現在の築50年超の分譲マンションの戸数は、国土交通省が把握している築50年超の公団・公社住宅の戸数を基に推計した戸数。
※5年後、10年後、20年後に築30、40、50年超となるマンションの戸数は、建築着工統計等を基に推計した平成30年末のストック分布を基に、10年後、20年後に築30、40、50年を超える戸数を推計したもの。

図1●築後30、40、50年超の分譲マンション戸数
出典：築後30、40、50年超の分譲マンション数（国土交通省　令和元年5月29日更新）

『終の棲家』として

　分譲マンション全体（総ストック数654.7万戸）の居住人口は1,525万人と推計され、国民の1割以上が、分譲マンションに居住しています。そのうち、2018（平成30）年現在、築40年超の分譲マンションは81.4万戸。それが、2028（令和10）年には197.8万戸、2038（令和20）年には366.8万戸になるとされています（図1参照）。

　平成30年度マンション総合調査によると、62.8％（2013年度調査時52.4％）が「永住するつもりである」と回答し、「いずれは住み替えるつもりである」との回答17.1％（前回17.6％）を大きく上回っています（図2参照）。以前は、戸建てへのステップとしてマンションが考えられていましたが、今や「終の棲家」とする人が半数を超えています。

　建築後、相当年数を経過したマンションは、建物の躯体や給排水管などの設備の老朽

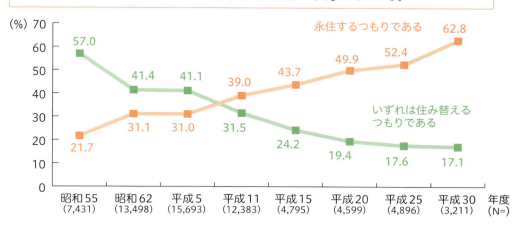

図2 ●永住意識

出典：平成30年度マンション総合調査結果からみたマンションの居住と管理の現状（国土交通省　平成31年4月26日公表）5頁

化が進みます。しかし、上記の総合調査によると、「建物が相当老朽化又は陳腐化しているので建替えが必要である」が3.2％（前回4.9％）、「建物が相当老朽化又は陳腐化しているが、修繕工事又は改修工事さえしっかり実施すれば建替えは必要ない」が35.2％（前回30.0％）、「建物は老朽化も陳腐化もしていないため、今のところ建替えは必要ない」が60.2％（前回64.0％）となっており、建替えについてはあまり積極的とはいえません。

2018年4月1日現在のマンションの建替件数（工事完了済のもの）は237件（阪神・淡路大震災による被災マンションの建替え〔計109件〕は、マンション建替法による建替え〔1件〕を除き含まない）であり、住戸数との直接の比較はできませんが、40年超のマンション戸数に比べほんのわずかな比率です。

『 高齢化への不安 』

　管理組合の将来への不安も、「区分所有者の高齢化」が53.1％と最も多く、次いで「居住者の高齢化」が44.3％、「修繕積立金の不足」が31.2％となっています。前2回の調査でも高齢化問題が半数を占めていますが、今回はさらに割合が高くなっており、マンションにおける高齢化の対応は喫緊の課題となります。

　建替えを希望しないとすれば、ハード面、ソフト面におけるマンションの延命化をしなければいけませんが、それもハードルが高いものとなっています。

　具体的には、ハード面では、耐震化やバリアフリー化、大規模修繕など金銭的な負担が

かかるものです。またソフト面でいえば、居住者の高齢化対策です。高齢居住者とその緊急連絡先の把握、それに伴う居住者情報の整備と個人情報の取り扱い、孤独死の防止やゴミ屋敷化対策などを含む管理組合・管理会社・自治会（町内会）・行政による高齢者への関与と連携のあり方の検討、ゴミ出し・小修繕などの高齢者向け生活支援サービス導入の検討など、管理組合だけで取り組むべき課題としてはあまりにも大変です。高齢化問題は介護、医療、そして行政の問題も絡んでくるからです。それを管理組合の役割とするのではあまりにも重い課題を背負わせることになります。

賃貸住宅においては、2001年に「高齢者の居住の安定確保に関する法律」が制定され、地方公共団体に高齢者向けの優良な賃貸住宅の整備や管理の努力義務を課し、サービス付き高齢者向け住宅事業の登録制度を設けました。

しかし、分譲マンションでは、マンション建替え円滑化法は制定したものの、喫緊の課題である居住者の高齢化対策を支援する施策がとられていません。

『 コミュニティの核として 』

マンションは分譲住戸であると同時に、地域福祉の社会資源になることもあります。

マンションの集会室を地域に開放したり、マンション居住者で設置した高齢者サロンに近隣の方も参加していたり、自治会と管理組合共催の夏祭りが地域の名物になっている事例もあります。

マンションを地域の高齢化対策、コミュニティの核としてとらえ直して、新しい取り組みをすべき時期に来ていると思われます。

Practical Guide for Dementia Friendly Apartment Services 3

認知症の理解

PART 3 認知症の理解

前章では様々な事例について医学的な見立てを述べてきました。
ここでは対応の参考になる認知症の医学的な知識についてまとめておきたいと思います。

　認知症とは、①脳の病気が原因で一旦獲得された認知機能が低下しており、②もの忘れや判断力の低下がみられ、③その結果生活がうまく送れなくなっている状態のことを指します。認知症の原因となる病気は様々ですが（表1-1参照）、アルツハイマー型認知症を代表とする神経変性疾患と呼ばれる病気では、神経細胞の中に毒性のある物質が蓄積することにより徐々に傷害され、神経細胞の数が減り、結果として脳が萎縮してきます。年単位で徐々に病状が進行するのが特徴です。

　脳卒中の後遺症による血管性認知症は脳出血や脳梗塞など、血管の障害により神経細胞への血行が絶たれて傷害を受けることにより生じます。その他には、脳腫瘍や正常圧水頭症などの脳自体がダメージを受けることにより生じる病気と、アルコールや薬剤（睡眠薬、抗不安薬、ステロイドなど）により神経細胞が傷害を受けたり、機能が低下したりして生じる病気があります。また、甲状腺機能低下症やビタミン欠乏などの全身性の疾患でも脳機能が低下して認知症を生じることがあります。

　アルツハイマー型認知症は全体の半数以上（67.6％）を占め、次に血管性認知症が19.5％、レビー小体型認知症が4.3％、前頭側頭型認知症が1.0％と報告されています。

表1-1 ● 認知症の原因となる病気

脳がやせる病気	● アルツハイマー型認知症 ● レビー小体型認知症 ● 前頭側頭型認知症
脳卒中の後遺症	● 血管性認知症
その他	● 脳腫瘍・正常圧水頭症 ● 甲状腺機能低下症・ビタミン欠乏 ● アルコール・薬剤性

アルツハイマー型認知症

記憶に関係する海馬という脳領域に萎縮がみられ、症状としては、もの忘れが代表的な症状になります。視空間機能障害というものや風景の奥行きがわからなくなる症状や、言葉が思い出せなくなるような言語障害などが加わってきます。

気分の落ち込みや不眠、食欲低下がみられるうつや、意識レベルが低下して幻視や興奮がみられるせん妄といった症状が経過の中でみられることがあります。

アルツハイマー型認知症の事例

もともとメモをとる習慣がありましたが、メモを置き忘れるようになりました。また金銭管理もできなくなりました。通常の場所では迷うことはありませんが、地下鉄に乗ると地上に上がったときに場所がわからなくなり迷うことがありました。

このため、娘が心配して専門医を受診させ、アルツハイマー型認知症と診断されました。抗認知症薬の投与が開始され、数年は独居を継続できましたが、79歳のときに身の回りのことができなくなり娘と同居を開始しました。同時に介護保険を申請し、ホームヘルパーとデイサービスの利用を開始しています。しばらくはサービスを利用して安定した生活を送っていましたが、82歳時にはよく泣いている姿がみられるようになり、抗うつ薬の投与で改善しました。83歳時には排泄に介助を要するようになるなど生活機能の低下が目立つようになりました。また、転倒して大腿骨を骨折して入院しましたが、退院後はぼんやりとして無気力な様子がみられました。この頃から一人で留守番をしているときに、外に出ていて見つかることが何度かありました。ショートステイ[※1]の利用を開始して、娘の介護負担の軽減も図っていました。

84歳時にはかぜをひいたのをきっかけに昼と夜が逆転して、夜間眠らずに興奮して家を飛び出そうとすることがありました。85歳になって、在宅での介護を続けるのが難しくなり、グループホームに入居しました。

※1 ショートステイ：要介護者が施設に期間限定で短期間入所し、食事や入浴といった生活援助や機能訓練を受けることができる、介護負担の軽減にも有効なサービスです。

レビー小体型認知症

　萎縮はアルツハイマー型認知症と比較すると軽度です。また、脳血流SPECT[※2]で見ると後頭葉にも血流低下がおよんでいる症例が半数近くあることがわかっています。
　症状としては、もの忘れや視空間機能障害、言語障害といったアルツハイマー型認知症と共通の症状に加えて、注意が変動しやすく、良いときと悪いときの差が大きいことや、幻視、パーキンソン症状がみられることが特徴です。

レビー小体型認知症の事例

　67歳頃より動作が緩慢になり、歩くのが遅く、歩幅が小刻みになりました（パーキンソン症状）。その頃から、妻の顔が別人に見えるといったことも言うようになりました（異常視覚体験）。

　症状は変動があって、スムーズに会話ができてまったく問題なくみえるときと、会話がかみあわずにぼんやりとしてみえるときがあります（変動性）。夜になると、誰かが部屋に入ってくると訴えて怯えた様子になります（幻視）。

血管性認知症

　脳梗塞や脳出血といった血管のトラブルの後遺症として生じる認知症です。脳梗塞や脳出血が再発するたびに悪化していく段階ごとの進行が特徴といわれていますが、小さな脳梗塞や慢性の脳虚血[※3]によりゆっくりと症状が進行していくタイプもあります。
　歩行障害、深部腱反射[※4]の異常といった神経学的徴候がみられるのと、尿失禁が比較的早期からみられます。また、精神面では、感情が高ぶりやすく、怒りっぽくなったりする一方、普段は無気力で活動性が低下していることが多いです。

※2　SPECT：Single Photon Emission Computed Tomography（単一フォトン放射断層撮影装置）の略です。脳血流SPECT検査では、脳の血流の状態を見ることができ、萎縮はまだなくても機能が低下しているところは血流が低下することから、MRIやCTより早期に変化を検出することができます。アルツハイマー型認知症や前頭側頭型認知症など認知症の種類によって血流低下のパターンが異なるため、鑑別診断にも有用です。

※3　脳虚血：脳の循環血液量が減少することで、機能障害をきたす状態を指します。この状態が継続すると、器質的病変、すなわち、脳梗塞に陥ることになります。

※4　深部腱反射：膝の下をたたくと脚が前に跳ねる反応のことをいいます。外から急な力がかかることで筋が損傷するのを防ぐ、生理的な防御反応で、反射が過剰に強く出る場合や反対に反射が極端に弱い、もしくは出ない場合には、脊髄につながる神経回路や脳からのコントロールに問題が起きている可能性があります。

肥満、高血圧、高脂血症、糖尿病などのいわゆる生活習慣病を合併していることが多く、症状の進行防止のためにはこれらの病気のコントロールが重要です。

 血管性認知症の事例

　84歳時に突然言葉が出なくなり（失語）、MRI※5で左前頭葉に脳梗塞が認められたため、入院治療を受けました。
　発音は不明瞭ながらも話すことができるまでに回復して退院しましたが、以前楽しみにしていたゲートボールには参加しなくなり、家にひきこもるようになりました（活動性低下、無気力）。持病の糖尿病のために、20年近くにわたってインスリンの自己注射をしていましたが、自分ではうまくできなくなってしまいました（判断力の低下）。

前頭側頭型認知症

　早期から反社会的な行動や脱抑制などの性格・行動の変化がみられるのが特徴です。前頭葉を中心に萎縮がみられます。身なりに無頓着になり、他人に対する気遣いができなくなります。
　病気の自覚はないことがほとんどです。食事の好みが変化して、甘いものを好むようになります。記憶は症状が進行しても保たれていることが多く、当初は他の精神疾患と診断されていることもあります。

前頭側頭型認知症の事例

　タクシーの運転手をしていたが、事故を頻繁に起こすようになり、また事故処理をせずにその場を立ち去ってしまうことから、解雇されることを繰り返していました。
　仕事を辞めて家で過ごすようになってからは、毎日同じ時刻にスーパーへ行って同じ買い物をし、同じ道をたどって帰ってくる生活を送るようになりました（時刻表的生活）。一緒に買い物に行くと、商品をそのまま持って帰ろうとするため制止する必要があります。

認知機能低下の初期にみられる症状

認知症の代表的な症状である記憶障害は、近時記憶障害といって、最近の記憶が障害されるのが特徴です。次のような形で日常生活にあらわれます。

①日付を繰り返し聞く。
②繰り返し同じ話をしたり聞いたりする。
③置き忘れやしまい忘れが目立つ。
④蛇口やガスを閉め忘れる。

また、判断力や計画する能力の低下から、次のような変化もみられます。

①複雑な料理を作らなくなる。
②買い物ができなくなる。
③薬の管理ができなくなる。

女性の場合は、高齢でも料理や買い物などの家事をしていることが多いことから、比較的変化をとらえやすいのですが、男性は退職後、あまり社会的活動をしていない場合は変化に気づかれず、発見が遅れることがあります。

高齢者はたくさんの種類の薬を服用していることが多いことから、薬の管理ができなくなることも早期の生活機能の変化としてよくみられます。

高血圧や糖尿病、狭心症のための薬剤などは、急な中止や過量服用で、重篤な体調悪化につながる可能性があるため注意が必要です。こういった変化に本人が気づいていない場合は、特に認知症である可能性が高くなります。さらに、妄想や幻覚、うつといった精神症状で発症する場合があります。

集合住宅において生じやすい初期のサインについて表にまとめましたので参考にしてください。

表1-2●記憶障害のサイン

- 違う曜日にゴミ出しをする。ゴミがベランダなどにたまっている
- 火災報知器や排水管の洗浄などの案内を紛失する
- 同じものをたくさん購入している

表1-3●判断力低下のサイン

- 管理費を滞納する
- 郵便受けに郵便物がたまっている
- インターホンや宅配ロッカーの利用ができない

医療機関で確認・評価すること

医療機関を受診すると、まず認知機能が

※5 MRI：Magnetic Resonance Imaging（磁気共鳴画像診断装置）の略で、強い磁石と電波を利用して体内の状態を断面像として描写する検査です。CTと同じく脳の萎縮や出血、梗塞などがないかを評価するのに用いられます。CTより詳しい情報が得られ、X線を使わないので被ばくもありませんが、撮像に30分程度かかることから安静を保てる人でないと撮像できません。

※6 CT：Computed Tomography（コンピュータ断層診断装置）の略で、X線を利用して体内の状態を断面像として描写する検査です。脳の萎縮や出血、梗塞などがないかなどを評価するのに用いられます。

低下しているかどうかを見極めます。問診では、受診した理由や、もの忘れの自覚の度合いを確認します。また、服薬内容や年齢を聞くことで簡便に近時記憶を評価することができます。

認知機能が低下していることが明らかになれば、より詳しい認知機能検査やMRI、CT[※6]、SPECTといった脳画像検査、採血などの臨床検査が行われます。これらによって、次に述べる治療可能な認知症を鑑別するとともに、認知症の原因となっている病気を明らかにします。

早期の段階からの介入の必要性について

認知症においても早期の受診が重要です。認知症の原因になる病気の一部には内科的、あるいは外科的な治療により治るものがあります。

正常圧水頭症であれば脳外科的に脳脊髄液を抜く手術を受ければ改善が期待できます。また、甲状腺機能低下症やビタミン欠乏であれば、それぞれ甲状腺ホルモンやビタミンを服薬し、補充すれば改善します。

神経変性疾患は、これまでのところ根治薬は開発されていませんが、生活習慣の見直しや社会的なつながりを保つ工夫をすることで、進行を遅らせることやご本人の生活の質を保つことが可能です。また、本人を支える体制を早めに整えることで、生活の破たんを防ぎ、精神症状を予防したり、悪徳商法の被害を防止することもできます。

地域の支援者との連携の重要性

地域の誰かが本人の認知症に気づいても、本人が診断を受けるまでには時間がかかっているのが実態です。

集合住宅という他の入居者の目が行き届きやすく、変化に気づきやすい特性を生かして、住民全体が安心して生活できる環境をつくるには、日頃から高齢者支援に関わる地域の関係者や機関と連携しておくことが重要です。

民生委員や自治会といった地域住民同士の互助や、地域包括支援センターや社会福祉協議会といった公的な機関まで、高齢者の地域生活を支援する仕組みができています。

また、地域で開業しているかかりつけ医の先生方も、医師会活動などを通じて地域の健康課題に責任をもって取り組んでいます。

とりわけ、認知症については様々な研修がかかりつけ医を対象として行われており、認知症サポート医という特に認知症に関して専門的に関わっている医師も地域で活動しています。

身近な相談先として普段から関わりをもっておくとよいでしょう。

資　料　認知症チェックリストの例

自分のもの忘れが気になり始めたら…
自分でチェック

変化はゆっくりと現れることが多いので、
1年前の状態と現在の状態を比べてみるとよいでしょう。

- ☐ ものをなくしてしまうことが多くなり、いつも探し物をしている。
- ☐ 財布や通帳など大事なものをなくすことがある。
- ☐ 曜日や日付を何度も確認しないと忘れてしまう。
- ☐ 料理の味が変わったと家族に言われた。
- ☐ 薬の飲み忘れや、飲んだかどうか分からなくなることがある。
- ☐ リモコンや洗濯機などの電化製品の操作がうまくできない。
- ☐ いらいらして怒りっぽくなった。
- ☐ 一人でいるのが不安になったり、外出するのがおっくうになった。
- ☐ 趣味や好きなテレビ番組を楽しめなくなった。

家族・身近な人のもの忘れが気になり始めたら…
家族・身近な人でチェック

認知症による変化は、本人より周りが先に気づく場合も多いものです。
家族や身近な人がチェックをしてみましょう。

- ☐ 同じことを何度も繰り返して話したり、聞いたりする。
- ☐ しまい忘れが多く、いつも探し物をしている。
- ☐ 曜日や日付が分からず何度も確認する。
- ☐ 料理の味が変わったり、準備に時間がかかるようになった。
- ☐ 薬の飲み忘れや、飲んだかどうか分からなくなることがある。
- ☐ リモコンや洗濯機などの電化製品の操作がうまくできない。
- ☐ 失敗を指摘されると隠そうとしたり、些細なことで怒るようになった。
- ☐ 財布や通帳などをなくして、盗まれたと人を疑う。
- ☐ 趣味や好きなテレビ番組に興味を示さなくなった。

出典：京都市・京都府医師会・認知症疾患医療センター（監修）「認知症？『気づいて相談！』チェックシート」

Practical Guide for
Dementia Friendly
Apartment Services

4 コミュニケーションの基本知識

PART 4 コミュニケーションの基本知識

「認知症の人とのコミュニケーション」

あれ？　ちょっとこの人、変なのかな？　と思っても、認知症なのか、そうでないのか、専門家でないとはっきりした判断はできません。日々の生活では、迷いながら、試しながらコミュニケーションをとっていくことになるでしょう。

ここでは、❶高齢になると起こりやすいこと、❷認知症の人に起こりやすいこと、の二つに分けて、どのようにコミュニケーションをとったらよいのか、気をつけることは何かをご紹介します。

❶ 高齢になると起こりやすいこと

80％以上の人に、聴力と視力の低下が起こります。聞こえにくく、見えにくいわけですから情報量が減り、話していてもわかり合うのに時間がかかったり、誤解が生じたりしがちです。

記憶力のうち、ワーキングメモリーという「一度に覚えられる記憶量」が低下します。そのときは覚えたつもりでも、ちょっと他のことをしたりすると、「え？　何だっけ？」ということが起こりがちです。

気持ちの面では、健康のこと、財産のことなど若い頃とは違った悩みが出てきます。その一方で、迷惑をかけたくない！と一人で抱え込んでしまうこともあります。

- 小さい声や高い声が聞き取りにくい
- 聞き間違う

耳が聞こえにくい

- 小さい文字が見えにくい
- 相手の表情がわかりにくい

視力が低下する

一度に覚えられない

- 時間がたつと思い出せない
- 言われれば思い出す

不安・心配な気持ちになる

- 迷惑をかけたくないと思う
- 体のこと、財産のことが心配

高齢の方とのコミュニケーションの5つのヒント

ヒント1　環境整備

こんなことはありませんか？

重大なことを話すときに
- 人が出たり入ったりする
- 騒々しい
- たくさんの人で取り囲む

こうしたらどうでしょう

その人がもっている能力を最大限に発揮してもらうことが必要です。まず大切なのが、コミュニケーションをとるための環境整備です。できるだけ静かで落ち着いた環境をつくることが、コミュニケーションの手はじめです。

ヒント2　耳の聞こえへの配慮

こんなことはありませんか？

話の途中で、本人が聞き返してきた場合、難聴の可能性があります。人は聞こえていなくても、わかったふりをしてしまう傾向がありますし、難聴の高齢者はこれまでに聞き返して嫌な顔をされた経験をもっていることが多いため、聞こえていなくても、うんうんとうなずいたり、わかったような顔でやり過ごす習慣がついている場合があります。

こうしたらどうでしょう

- テレビの音や、バックグラウンドミュージックは、できるだけ消しましょう。
- 補聴器を持っている場合は、使ってもらいましょう。
- 補聴器がない場合は、少しでも聞こえの良い耳のほうから話しかけます。
- 相手の前に立ち、口を大きく開けて、はっきり発音しましょう。口の形を見せることで、聞こえを補うことができます。
- ゆっくり、短く
- 筆談するときは、キーワードだけ書く
- サ行、ザ行、マ行、バ行、ワ行、ラ行は聞こえにくい
  例）×「生年月日」→○「誕生日」
  　　×「しちがつ」→○「ななかつ」

必要以上に大きな声を出さない！　騒音暴露といって、聞こえが一層悪くなってしまう場合があります。（飯干, 2011）

ヒント3　視力低下への配慮

こんなことはありませんか？

- 場所がとても明るくて眩しい、あるいは薄暗い
- 文書を見せると、紙を近づけたり遠ざけたりする

文字を読むときだけでなく、表情や身振りなども見てもらいましょう！

こうしたらどうでしょう

- メガネを持っている場合は、必ずかけてもらいましょう。
- 適度な明るさの場所で話しましょう：多くの高齢者が白内障にかかっています。白内障になると、明るすぎる部屋では、人の表情や書かれた文字が見えにくくなります。高齢者にとってやさしい明るさは、晴れた日にレースのカーテン越しに入ってくる光くらいといわれます。
- 文書を説明するときは、一部分を声に出して読んでもらいましょう。

暗いと口の形や表情が見えにくいので、誤解が生じがち！

声に出して読めるということは、見えている証拠！

ヒント4　記憶力低下への配慮

こんなことはありませんか？

- 覚えていない
- うっすらとは残っているようだが、記憶が曖昧

こうしたらどうでしょう

- 高齢になると、認知症でなくても若い頃に比べて記憶力がどうしても低下してしまうものです。
- 特に、記憶の一種であるワーキングメモリーの機能が落ちます。一度に多くの言葉を記憶することができませんので、長い文の理解が難しくなります。
- 説明のためのキーワードは、一つの文につき2個くらいにとどめましょう。説明するときは、下の例のように、文と文の間に区切りを入れて、相手が理解したかどうかを表情などで確かめ、次に進むようにしましょう。
- これらのキーワードや、簡単な図を紙に

かきながら説明することも大切です。
- 自力で思い出せなくても、こちらが関連したことを言ったり、書いた文書を見せたりすると、「ああ〜、そうだった」と思い出せます。

「○○さんの契約が6月までとなりますので、今後どうされるか、つまり、更新するか退去なさるかご検討いただきたいのです」

> キーワードが6つもある

> キーワードは1文に2個まで

「○○さんの契約がそろそろ終わります」
「6月が期限です」
「その後どういたしましょう」
「何かお考えはありますか」
「更新しますか」
「退去したいとお考えですか」
「よろしければ、ご一緒に検討しましょう」

> 文ごとに区切って確認しながら

ヒント5　不安や心配な気持ちへの配慮

こんなことはありませんか？

- ため息をつく
- 涙を浮かべる
- 愚痴をこぼす
- つっけんどんになる
- 怒る

こうしたらどうでしょう

- これらの態度は、これからの生活への不安、寂しさ、思うようにならない苛立ちやあきらめ、そのあらわれともとらえられます。
- 「そういう気持ちなんだなあ」と想像しましょう。聞いてもらえた、ということだけで安心する場合が多いものです。

❷ 認知症の人に起こりやすいこと

認知症の症状には、記憶障害、判断力の低下などの認知機能低下と、幻覚・妄想や感情の不安定さなどの心理・行動障害があります。これらのうち、コミュニケーションと関わるものは次のとおりです。

記憶障害があると、同じことを何回も言ったり、予定を忘れて約束を守らなかったり、話がかみあわないことがあります。出来事の全体をすっかり忘れていますから、こちらが正しいことを言っても思い出してもらえません。

理解力の低下により、長い文、複雑な文は、聞いて理解することも、読んで理解することも難しくなります。

財布を盗られたなどの金銭に関する被害妄想、隣の人が悪口を言うなどの幻覚が

> 高齢者の特徴である「難聴」「視力低下」「不安・心配な気持ち」などに加えて、これらの症状が起こると考えてください！

起こることもあります。これらは、正論で説得しようとしても無理です。

これまでなら笑ってすませたようなことでも、ひどく怒ったり泣いたり、感情の起伏が大きくなります。一度そのような状態になるとしばらく続き、その一方で、ケロッと何事もなかったかのように元に戻ることもあります。

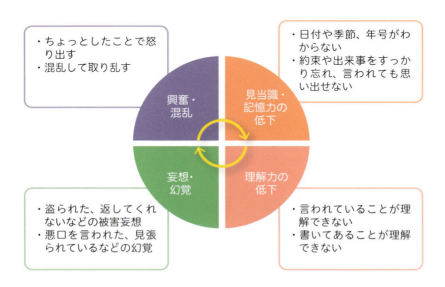

認知症の方とのコミュニケーションの4つのヒント

認知症の方とコミュニケーションをとるときに一番大事なのは、「この人は私の味方だ！」と思ってもらうことです。

認知症の重症度によっても留意点は違いますが、一般的には、次のような点に気をつけましょう。

ヒント1　不安や心配な気持ちへの配慮

こんなことはありませんか？

- 昨日言ったことをまったく覚えていない
- 今が何年何月であるか、わかっていないようだ
- 季節外れの服を着ている

こうしたらどうでしょう

- 日付や季節、年号などの大きな間違いは、一応指摘はしますが、無理に正さないようにしましょう。気分を害したり、憤慨したり、関係性がこじれる場合が多いです（小さな間違いは訂正しても受け入れてくれる場合があります）。
- 書いてあることは思い出しやすいので、大事な約束事などは紙に書いて貼りましょう。

ヒント2　理解力低下への配慮

こんなことはありませんか？

- 今話したことも、その一部分しか理解していない
- わかっていないようなのに、わかったふりをしている

こうしたらどうでしょう

- キーワードは1文に1個にしましょう。
- わかりやすい言葉に置き換えましょう。
- 途中で区切って、わかったかどうか確認しながら、進めましょう。

81　4　コミュニケーションの基本知識

ヒント3　妄想・幻覚への配慮

こんなことはありませんか？

- 財布を盗まれた
- 隣の人が悪口を言っている
- 窓からゴミを入れられた

こうしたらどうでしょう

- 妄想や幻覚は、脳の機能低下によって起こり、本人にとっては現実に見え、聞こえています。
- 論理的に説得しても、修正されませんので、まずは、受け止めましょう。
- この人は味方だ、わかってくれる、という思いをもってもらうことが大切です。
- その上で、専門家につなぎましょう。

「それは大変でしたね」
「怖かったですね」
「困りましたね」

ヒント4　興奮・混乱への配慮

こんなことはありませんか？

- 大声を出す
- つかみかかってくる
- 泣いたり笑ったり、感情の起伏が激しい

こうしたらどうでしょう

- 暑さや寒さ、空腹、体調不良などが、興奮や混乱をさらに強めることがあります。
- 換気したり、場所を変えたり、お茶を入れたり、場面を転換してみましょう。
- その上で、専門家につなぎましょう。

MEMO：カウンセラーの技法

1.	うなずき	相手の話の途切れに合わせて、「うんうん」とうなずく
2.	復唱	相手の話のテーマとなる言葉、感情を伴う言葉を繰り返す 「悩んだのですね」「思い切って出かけてみたのですね」
3.	共感	事実ではなく、感情に対する理解を示す 「それは心配ですね」
4.	受容	否定的、攻撃的な発言をも受容する 「お金を盗られたと思うと、不安で仕方ないですね」
5.	感情の反射	幸せ、怒り、悲しみなどの気持ちを明確に返す 「それは、おつらいですね」
6.	感情の明確化	曖昧な感情を類推する 「今後の生活に不安をもってらっしゃるのでしょうか…」
7.	沈黙	考えをまとめたり感情を整理したりするために、相手の応答を待つ
8.	支持相手の感情を肯定する、支える、認める	「○○さんがそう思うのはもっともです」「私でも感じると思います」

●引用・参考文献
- 稲本洋之助・小柳春一郎・周藤利一著『日本の土地法―歴史と現状―第2版』成文堂，2010．
- 鎌野邦樹著『マンション法案内』勁草書房，2010．
- 渡辺晋著『最新マンション標準管理規約の解説【3訂版】』住宅新報社，2016．
- 関口康晴・町田裕紀・小川敦史・田村裕樹・川口洸太朗著『マンションにおける共同利益背反行為への対応―区分所有法57条・58条・59条・60条』日本加除出版，2018．
- Allen NH, Burns A, Newton V, et Al.: The Effect of improving hearing in dementia. Age and Ageing, 32: 189-193, 2002.
- Zubenko GS et al. : Visual impairment, age related macular degeneration, contract, and long-term mortality; the Blue Mountains Eye Study. Arch Ophthalmol, 125: 917-924, 2007.
- 飯干紀代子著『今日から実践　認知症の人とのコミュニケーション―感情と行動を理解するためのアプローチ―』中央法規，2011．
- 三村將・飯干紀代子編著『認知症のコミュニケーション障害―その評価と支援―』医歯薬出版，2013．
- 飯干紀代子著『看護にいかす　認知症の人とのコミュニケーション―現場で使える理論とアプローチ―』中央法規，2019．

認知症の人への対応
べからず十三ヵ条

一． 繰り返し同じことや、つじつまの合わないことを言われても否定するべからず。
二． 説明時に言葉だけに頼るべからず。
三． 沈黙を恐れるべからず。
四． 本人にとっては理解が難しい事柄を説明するとき、ことさらに仰々しく行うべからず。
五． 長時間の対応はするべからず。
六． 本人や家族への説明は、一通りでは済ますべからず。
七． 失せ物の発見は、本人に先んずべからず。
八． 記録は、ただ事象を物語のように記載するべからず。
九． 本人やその家族からの無理なお願いは、できるだけ対決するべからず。
 （特に、管理会社、管理人の立場で）
十． 事務的な説明や複雑な選択肢を使うべからず。
 （特に、管理会社、管理人について）
十一． 認知症は高齢者だけの病気だと思うべからず。
十二． 個人情報の保護ばかりを優先するべからず。
十三． 家族や地域の支援者との連携は急場しのぎで行うべからず。

一． 繰り返し同じことや、つじつまの合わないことを言われても否定するべからず。
　　その内容は忘れても、否定されたときの負の感情は残ります。

二． 説明時に言葉だけに頼るべからず。
　　表情やジェスチャー、図解、文字により、話し言葉を補いましょう。

三． 沈黙を恐れるべからず。
　　認知症の人（以下「本人」という）の沈黙は、考えたり、困ったりして次の言葉をつむぐために必要な時間かもしれません。沈黙を焦って埋めようとせず、見守ることも大切です。また、管理会社、管理人、管理組合役員、近隣住戸の居住者などの周りの人（以下、「周りの人」という）も本人への説明をするときに、流れるように行わず、ゆっくり一言ひとこと伝え、ときには一

旦止めて、沈黙をはさむようにすると有用な場合があります。その沈黙は、本人がそれまでの周りの人の話を少し考える時間や次の言葉を待つ心構えにもなります。沈黙後に重要な話や言いにくい事柄をもっていくと、その重みや理解が増すこともあります。

四．　本人にとっては理解が難しい事柄を説明するとき、ことさらに仰々しく行うべからず。

　　認知症などで理解力や判断力の低下した人に対して、マンションにおける被害や事故、混乱状態の危機的な現状や原因、他の方々との関わりについての説明などを、複数人で物々しく説明したり、様々な証拠を提示したりしても、理解や記憶は難しく、かえって威圧感や恐怖感が残るだけになる可能性があります。あっさり、短時間で、簡単に説明をし、負の感情をもたれることを避けます。優先されるべきは、気持ちをリラックスしてもらい、家族や公的な機関、例えば行政や地域包括支援センターなどへの連絡の了解をとることだと思います。具体的には、信頼できる民生委員などに入ってもらい「ご家族へ一度ご挨拶をと常々考えておりました」「今回、お一人おひとりの住人のご家族へご挨拶をしていくことになりました」などと明るく、楽しい雰囲気で伝えることが、情報提供の了解につながると思います。

五．　長時間の対応はするべからず。

　　認知症のある方は、少しのことでも脳にかなりの負担がかかります。長時間の対応は体力、集中力を奪い、さらに理解力、記憶力が低下し、混乱を招くことがあります。一旦、打ち切り、仕切り直すことも有効です。

六．　本人や家族への説明は、一通りでは済ますべからず。

　　伝えた内容をある程度まとめて話したり、最後にどんな内容を伝えたかを再度確認することで、理解を深めたり、どの程度理解しているかを把握したりすることができます。

七．　失せ物の発見は、本人に先んずべからず。

　　本人が見つけるようにします。周りの人が見つけた場合、隠したと思われてしまうことがあります。

八．　記録は、ただ事象を物語のように記載するべからず。

　　通常とは異なる特別な対応をしたときには、客観的なこと、考察、次の予測などを切り分けて記載しましょう。次のときにはその経過を本人の関係者で共有し、誰がいつ対応してもわかるようにしたいところです。

九．　本人やその家族からの無理なお願いは、できるだけ対決するべからず。
　　（特に、管理会社、管理人の立場で）

　　意思確認ができないときや、制度上や法律上などでできないことを依頼されることがあるでしょう。そのときは、「お気持ちは理解しました。ただ、残念ながら管理規約上、もしくは法律上、

ご希望に沿う対応はできません。あなたのご意見は、管理組合や行政にも大切なご意見として申し伝えます。しかし、このままではお困りでしょうから、この地域の公的な高齢者相談窓口である、地域包括支援センターにご相談されれば、何か良い方法をご提案くださるかもしれません」など、感情に訴えかけ、断るだけでなく、公的機関を紹介するなど解決策も提示しましょう。もしそのときに、本人が連絡をすると言われたら、その機会を逃がさず、「でしたら、こちらからも○○さんという方から、連絡があると伝えておきます」と伝えて、連絡をしておくとよいでしょう。本人やその家族と同じ側に立つ意識で、説明、さらに対応方法（そのメリットデメリットを簡潔に説明）を提案することが大切です。

十．　事務的な説明や複雑な選択肢を使うべからず。（特に、管理会社、管理人について）
　　　淡々と説明すると冷たい印象をもたれることがあります。特に、気持ちには共感するが、対応できない場合は、「つらい、困った、本当に申し訳ない」という気持ちを表情や態度で伝えましょう。また、選択肢が多いと混乱を招きやすいので、他にも同じような状況の方がおられましたが、このような方法で解決しました、と具体的な説明を心がけましょう。この説明は、ある程度理解はしても納得できないという心境の本人や家族の気持ちを少しは鎮めることにつながります。「気持ちはわかってもらったよう…仕方がない、それなら…」という一定の落としどころへ向かえるかもしれません。

十一．　認知症は高齢者だけの病気だと思うべからず。
　　　認知症には高齢発症だけではなく、若年発症の認知症もあります。若年性の認知症は、周りからも認知症とは思われず、うつなどの他の病気に間違われることもあります。見た目や年齢で認知症の有無を予想、判断せず、事実を客観的に検討することが大切です。

十二．　個人情報の保護ばかりを優先するべからず。
　　　個人情報は、保護と活用のバランスが大切です。個人情報を別の人に伝えるときは、できる限り本人の了承をもらうことが重要です。他方で、本人の生命や財産が危険にさらされているときなどは、了承が不要となる個人情報保護法の例外規定も視野に入れ、内容とその範囲に留意をして動くことが肝要です。

十三．　家族や地域の支援者との連携は急場しのぎで行うべからず。
　　　困ったときだけ連携するのではなく、普段から相談しやすい間柄が大切です。
　　　また、入居当初は家族との連携があったとしても、数十年の居住期間を経るうち、同じ家族がおられるかどうかはわかりません。つながりには継続的な確認が重要です。

PROFILE

監　修　一般社団法人 日本意思決定支援推進機構

　科学技術振興機構「革新的イノベーション創出プログラム（COI STREAM）」における「高齢者の地域生活を健康時から認知症に至るまで途切れなくサポートする法学、工学、医学を統合した社会技術開発拠点（Collaboration center of law, technology and medicine for autonomy of older adults: COLTEM）」プロジェクトの枠組みにおいて、高齢者の意思決定支援を行う目的で設立した機構。高齢者本人の好みや意思を最大限尊重するために必要な技術やサービス、能力低下の評価とそれに基づく支援方法などについて研究開発と社会への普及を目指している。

執筆者(50音順)

飯干　紀代子（いいぼし　きよこ）
　公認心理師、臨床心理士、言語聴覚士。保健科学博士。高齢者医療施設での心理士としての勤務を経て、2009年九州保健福祉大学保健科学部教授、2012年志學館大学人間関係学部教授。専門は、神経心理学、生涯発達心理学、高齢者のコミュニケーション支援。

奥村　太作（おくむら　だいさく）
　老人ホームのホーム長を経て、2012年（株）ベネッセスタイルケア執行役員（現任）。2015年ベネッセシニア・介護研究所事務局長（現任）、2016年（株）ベネッセシニアサポート代表取締役社長（現任）。

上林　里佳（かんばやし　りか）
　社会福祉士、精神保健福祉士、介護福祉士、介護支援専門員、証券外務員。1983年大和証券京都支店勤務。退職後、医療、介護保険事務、介護職を経験。地域包括支援センター・居宅介護支援事業所にて相談業務をも担う。2018年より上林里佳社会福祉士事務所 オフィス上林代表。ぱあとなあ京都 成年後見人、京都社会福祉士会 地域包括ケア・共生社会委員会副委員長、虐待対応専門職チームメンバー、京都市スクールソーシャルワーカー。

椎名　基晴（しいな　もとはる）
　弁護士。2008年弁護士登録。2012年椎名法律事務所開設。2019年現在、京都市成年後見支援センター運営委員会副委員長。

名倉　勇一郎（なぐら　ゆういちろう）
　司法書士、行政書士。日本マンション学会会員。1984年より名古屋市内にて司法書士事務所開業。2000年3月より社団法人（現公益社団法人）成年後見センター・リーガルサポート愛知支部支部長、2002年6月より同法人理事、2009年6月より同法人「医療行為の同意検討委員会」委員長を経て、2015年6月より同法人「制度改善検討委員会」委員長。

成本　迅（なるもと　じん）
　精神科医。1995年京都府立医科大学医学部卒業。2001年京都府立医科大学大学院医学研究科博士課程修了（医学博士）。医療法人精華園、京都府精神保健福祉総合センター、五条山病院を経て、2005年より京都府立医科大学大学院医学研究科精神機能病態学助手、2009年より同講師、2015年より同准教授を経て、2016年より同教授。専門は老年精神医学。

樋山　雅美（ひやま　まさみ）
　公認心理師、臨床心理士。2018年関西大学大学院心理学研究科心理臨床学専攻（専門職学位課程）修了、臨床心理修士（専門職）。同年より京都府立医科大学大学院医学研究科精神機能病態学勤務。

松本　惠生（まつもと　しげお）

　主任介護支援専門員。1993年4月佛教大学社会福祉学部卒業後、京都市在宅介護支援センター博寿苑勤務を経て、2009年1月京都市岩倉地域包括支援センター勤務。2017年厚労省老健事業 認知症の人の行方不明防止と見守り体制を検討するワーキングメンバー。2018年京都市地域包括支援センター・在宅介護支援センター連絡協議会副会長。2018年4月京都地域包括ケア推進機構「新・京都式オレンジプラン推進ワーキング」委員。現在、京都市地域包括支援センター・在宅介護支援センター連絡協議会副会長。

山田　克彦（やまだ　かつひこ）

　産学連携コーディネーター。1980年大日本印刷株式会社入社。企画開発・営業部門を経て、同社ソーシャルイノベーション研究所にて高齢化対策を研究。同社退社後、2016年より京都府立医科大学大学院医学研究科精神機能病態学にて意思決定支援に関する研究を行う。

協力機関　　株式会社ベネッセスタイルケア
　　　　　　　株式会社URコミュニティ 京都住まいセンター
　　　　　　　けやき法律事務所
　　　　　　　大日本印刷株式会社

実践！ 認知症の人にやさしい金融ガイド
多職種連携から高齢者への対応を学ぶ
一般社団法人 日本意思決定支援機構推進機構／監修　成本迅・COLTEMプロジェクト／編著

認知症高齢者の顧客対応を行う金融機関必携！　多くの金融機関が加盟する「21世紀金融行動原則」から、金融窓口での高齢者対応の困りごと事例の提供を受け、日々高齢者と向き合っている、医療、福祉・介護、法律の専門職が協働で検討を重ねたガイド書。　本体1600円

必携！ 認知症の人にやさしいマンションガイド
多職種連携からみる高齢者の理解とコミュニケーション

2019年8月1日　初版発行

監　修●一般社団法人日本意思決定支援推進機構
発行者●田島英二
発行所●株式会社 クリエイツかもがわ
　　　〒601-8382　京都市南区吉祥院石原上川原町21
　　　電話 075（661）5741　FAX 075（693）6605
　　　http://www.creates-k.co.jp　info@creates-k.co.jp
　　　郵便振替　00990-7-150584
イラスト●ホンマヨウヘイ　　デザイン●菅田　亮
印　刷　所●モリモト印刷株式会社
ISBN978-4-86342-264-3 C0036　printed in japan

本書の内容の一部あるいは全部を無断で複写（コピー）・複製することは、特定の場合を除き、著作者・出版社の権利の侵害になります。